懐徳堂ライブラリー 4

生と死の文化史

懐徳堂記念会 編

和泉書院

目次

人間らしい安らかな死

——尊厳死と安楽死——

浅野遼二

はじめに

成人男女を対象に「高齢化社会」に関する世論調査をした毎日新聞が、末期患者の「安楽死」と「尊厳死」に対する関心のパーセンテージを公表しております（図1）。この世論調査と相前後して、京都での「いわゆる安楽死事件」がテレビや新聞で大々的に報道されましたし、高知や堺や京都の病院や特養老人ホームでの延命治療中止（消極的安楽死）も大きな話題として取り上げられました。

「安楽死」67%が容認

「高齢化社会」本社世論調査

毎日新聞社が8月末から9月初めにかけて行った「高齢化社会」に関する全国世論調査（成人男女4236人対象、回収率67%）によると、一般論として末期患者の「安楽死」について、67%が容認し、尊厳死（延命治療打ち切り）については63%が望んでいた。どちらの場合も、4人に3人が患者本人の何らかの意思表示が必要条件だった。本人の意思表示の仕方については「口頭による」が4割強、「文書による」が3割弱だった。調査はアメリカンファミリー生命保険会社の協力を得た。（8、9面に詳報）

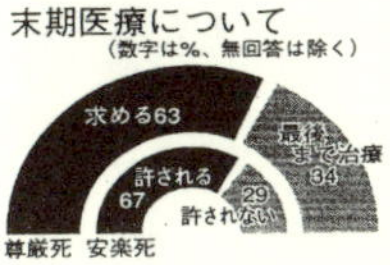

34人に3人 本人の意思表示が条件

今春、京都府の国保京北病院での「安楽死」事件は、末期治療の在り方に大きな問題を投げ掛けた。調査はこれを踏まえ、一般論のほか、「安楽死」については自分自身の場合はどうしてほしいか、また、家族の場合にはどうしてあげたいか聞いた。

一般論の場合は「安楽死」と尊厳死の条件として、医師の判断に加え、①患者本人の口頭による意思表示と家族の意思表示②患者本人の文書による意思表示と家族の意思表示③患者の家族による意思表示――に大きく3分された。「医師の判断だけでよい」は「安楽死」は6%、尊厳死は5%に過ぎなかった。

「回復の見込みがなく、耐え難い苦痛があり、医師が苦痛を軽くすることができなくなった場合、どうしてほしいか」を前提とした質問で、自分自身の「安楽死」を認める人は26%だったが、家族の場合になると15%に減った。

また、「最後まで積極的に治療」は、自分自身の場合の15%に対し、家族の場合は21%と、違いがあった。

がんの告知については、「治る見込みのない」極限状況での「知らせてほしい」は66%だった。1991年調査と比べ、大きな変化はなかったが、89年調査比では12ポ増えている。また、厚生省が導入を検討している公的介護保険の内容などについて「知っている」（「かなり」と「だいたい」を含む）は23%に過ぎなかった。

【押田　真琴】

図1　「尊厳死と安楽死」の世論調査

毎日新聞朝刊（1996年10月2日）

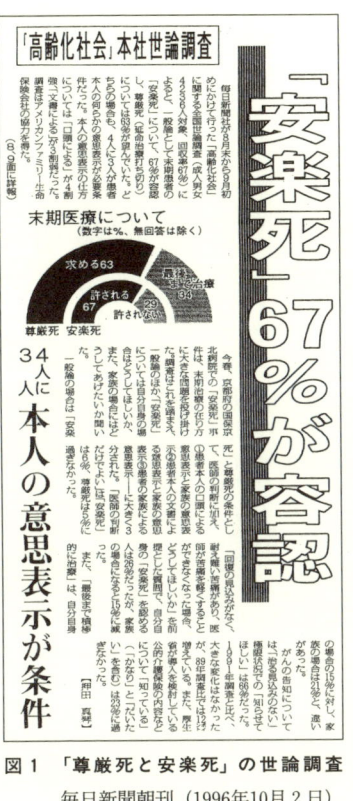

そこで講演に入る前に、皆さんに、ひとつ、質問をしまして、挙手で答えていただきたいと思うわけです。今日、ご来場の方は、年配の方が多いようですが、嫌味な質問とは思わずに、日頃、お考えになっているところを、率直に、お聞かせ願いたいのです。

自分の人生を終えるにあたり「苦しまずに安らかに死にたい」と考えている方、また「無益な延命治療は止めて人間らしく死にたい」と考えている方は、どの程度、いらっしゃいますか。「苦しまずに安らかに死にたい」という方が圧倒的に多いですね。九五パーセントと申し上げても、いいですね。「無益な延命治療は止めて人間らしく死にたい」という方は、多少、減っていて八五パーセントというところでしょうか。「苦しまずに安らかに死にたい」という「安楽死」を望まれる方が、「無益な延命治療は止めて人間らしく死にたい」という「尊厳死」を望む方よりも多いのは、世論調査と同じですね。因みに世論調査では、「安楽死」の方は六七パーセント、「尊厳死」の方は六三パーセントです。もちろん、この数値の違いは、年令層の違いからくる関心の度合いの高低もあるでしょうし、講演会場とアンケート調査の方法の違いにもあるでしょう。しかし、皆さんが、非常に、自分の死に関して、強い関心をもって来ておられることが分かりましたので、早速、本題に入っていこうと思います。

一　人間らしく安楽に死にたい

(1)　老人の本音

松田道雄さんの話題作『安楽に死にたい』を読んでいて、死に関する興味のある記述に気づきました。松田さんは、私の敬愛する恩師（故伊達四郎教授）の最後を看取った主治医であり、また学生時代によく読んだ筋金入りの左翼思想の著述家であり、京の町医として名高く、名著『育児の百科』は私たち夫婦が二人の子供を育てるのに心丈夫な的確な指示を与えてくれる育児書でした。「医者にして哲学者であれば神のごとし」という諺がありますが、子供が不明の高熱を発して夫婦だけでおろおろしているときなどは、本当に、そんな想いを抱いたことがあります。

松田さんは、九十歳に達して脚が弱り、すっかり体力をなくして、つかまるものがないと日常の行動がつらくなった老人の本音を書いています。死期の迫っていることは、その気配で知っており、死んだら呼吸がとまり、心臓が動かなくなり、脳に血がいかなくなって意識がなくなり、生まれる前に戻るだけのことだから、少しも恐くないと語っています。毒人参の汁を自分から飲んで体がだんだん冷たくなっていくのを冷静に観察して、弟子たちに死を恐れずに死の声を聞かせるソクラテスを思わせる語り口です。しかし、松田さんは恐いことがひとつだけあるというのです。それは、息を引き取る前に病院で痛みや息苦しさや動悸などに苦しんで死ぬことだと言っています。年をとり弱った人間が願うところは、そんなぶざまな死に方ではなく、ひたすら楽に死ぬことだというのです。この視点から、松田さんは、日本人や外国の安楽死の歴史的状況を比較して示しています。

(2) 死に関する日本の伝統

先に、私は、この書に非常に興味のあることを言いました。それは古代であれば日本人の祖先は信心深く死を前にして動揺することなく来世でもまた人間として生まれ変わることを確信しており、中世であれば念仏を唱えれば極楽浄土へ行ける切符が入手できる喜びをもっていたし、近世になれば、この信仰心は薄れたものの、家の女たちに看取られて家の厚みと温もりの中で手厚い世話をうけ、死を悟った臨終の際には家族を集めて家の後のことを託して、後顧の憂いなく生前の礼を述べながら往生する、死に関する日本の伝統です。これと同じことが、明治・大正の頃まで、まだ日本には残っていて、松田さんは周囲の高齢者の臨終の記憶としています。病の苦しみは、たしかにありましたが、ガンの転移がでれば、脳卒中で意識を失えば、そして心筋梗塞に襲われると、制癌剤も抗癌剤も点滴による脳圧を下げる方法や水分や栄養の補給も有効な心蘇生法もないわけですから、数日で亡くなるのが通例でしたから、痛みや苦しみは短いものであったと、昔の日本の「安楽死」の確たる存在を示しています。

そう言われると、これと似た身内の年寄の臨終のシーンが、封建色が強くて都会との交流が乏しい時代の地方（山陰の松江）で育った私の少年時代の記憶の中に残っているように思います。暑い夏の日、父に連れられて近所の親戚の家に行きました。家の人が出てきて父と言葉をかわすと、父は急いで廊下を通り表座敷に入りました。明るい、風通しの良い座敷で、部屋の建具はすべて取り外され開けてはなたれており広々とした感じで、庭の濃い緑が目に入りました。部屋の中央から右よりのところに、落ち着いた色の清潔な蒲団が敷いてあり、そこにだれかが寝ているのが分かりました。そちらへ父は近寄り、かぶせてあった白い布をとり、しばらく合掌していましたが、やがて父の後にいた私に、おばあさんの顔をよく見て拝むようにと言いました。高い枕に髪はきちんと梳られており青ざめ痩せてはいましたが鼻梁の立派な顔立ちで、おばあさんと声をかければ、そのまま起きてきそうな様子です。家の人が、何度もありがとう、と父に言い、連絡が遅れたことを詫びている風です。家の中はいつものように静かで、何か特別なことが起きたような気配もなく、何人かの人が故人のことについて穏やかに話をし、団扇をつかい、「優しい、いい人だったね」「大往生でしたよ」「きれいな死顔だね」「楽にいかれましたよ」「九十歳をこえていたからね」という会話が耳に入ります。父が私だけを連れてきた意図は分かりませんでしたが、家の人が用意してくれた、お茶とお菓子を食べていると、父が今度は自分で白い布をとり、よくよく顔を見て拝んで別れを言って帰るように促しました。父はそのまま残り、先に帰った私を母が待っていて詳しい様子を聞いたので、亡くなった、おばあさんをよく拝んだことにつけ加えて、人が話していた優しい人とか大往生とか九十歳とかきれいな死顔とか楽に亡くなられたとか言うと、「楽にね」、と安心した風でした。

あの家の人たちも、父も母も、年寄の死について特別なことのようには言わず、いつもと同じ雰囲気と時間が親戚の家でもわが家でも流れていました。あの安置されていた北枕の位置とは反対側の場所で、ずいぶん長い間、病気で寝ていて、お嫁さんがよく世話をしていたことを知ったのは、それから数年後でした。高齢の年寄が病気になって寝込むと、自分の家で一番よい部屋で大切に扱われることを知った懐かしい記憶です。

現代に至って、死を恐れない臨終がなくなったのは、私たちが信仰心をなくし、家の温もりを失い、外で働くようになった女たちも自立して家への忠誠心をすっかりなくしてしまったことにあると、松田さんは分析しています。誤解されると困るのですが、松田さんは女を家に閉じこめておけなくなったことを非難しているのではなくて、近代においては日本人の死の良きうるわしき歴史が女たちの献身と家への忠誠とによって成り立っていたことを歴史家の眼差しで静かに見ているだけなのです。男が一人前の男として自分の「城である家」で死ねたのは、女たちのお陰であるというわけです。

(3) 自分の営みとしての厳粛な死

松田さんは、大げさに一人前の男などとは書かず、自己決定権を握ったはずの市民が最後まで主人であっていいのに、今生の別れとなる病に罹ると、やすやすと医者の軍門に降って、営々と生涯かけて築いてきた「城である家」を明け渡し、入院せざるを得ない現代医療の抵抗しがたい仕組みを指摘しています。そこで、市民が一人前の市民として尊厳ある死に方をした戦前の臨終の状況を対比的に鮮やかに描きだしています。死を忌み嫌わない家族に囲まれ、家人に好物を作ってもらい、朝に夕に見慣れた家具調度品の中で、時にレコードを回してもらい、大切にしていた絵画や古いアルバムを取り出して、若い頃を懐かしむわがままを許してもらって、いよいよ、臨終となると後事を頼んで死にいくのが終戦までの普通の市民の死に方で、〈この死こそが厳粛な自分の営み〉であり、「尊厳死」であるというのです。

松田さんは、半世紀ほど前の日本人の臨終の模様を振り返りながら、「安楽死」も「尊厳死」も、このように、日本において特に区別するようなことはなかったと言っています。この指摘に興味と共感を覚えたのは事実ですが、実は、日本だけが特別な臨終をやっていたわけではないことに、「日曜歴史家」と言われるフランスのアリエスの『死と歴史』を読んでいて気づいたのです。『死と歴史』の中に収録されているアリエス自身の死の体験エッセイは、時期も人々の死に対する対処の仕方も死生観も、松田さんの明治・大正から終戦までの日本の記憶とよく一致しています。

二　死にいく者が死を主宰する

(1)　死に関するフランスの伝統

アリエスは、エッセイ「今日のフランス人における生と死」の中で「フランスでは、少なくとも一九三〇年代までは、死は死者が主宰する、ほぼ大がかりな儀式であった。」と、死に関するフランスの伝統を話しています。アリエスは、死にいく者が死を主宰する状況を、死ぬ前と死後に分けて克明に描いています。

死ぬ前の状況ですが、死にいく者が自らの死を主宰するわけですから、彼は、予め死を教えられていて死が間近いことを知っており、すでに自分の仕事の整理はできており、最後の意志を書いて相続人の間で争いが起こらないように財産分与を終えています。つまり、人間の最後にあたって、一番大切なことである自分の死の自覚、自分の仕事の整理、自分の遺志の確認をすっかり済ませて、安心して「彼は病床に臥していた」のです。病床の周りには、家族や友人や司祭や司祭についてきた信心深い他人がいて、死にいく者からひとときも目を離さずに、「死の苦悶の間、立派に死ぬよう励ます」ことを習慣としていたのです。死にいく者の最後は苦痛に満ちたものでしたが、特別な延命処置はなかったのですから、苦痛は長続きしなかったのです。

死後は、故人の知人全員が死者に告別をする案内をうけたのです。この弔問には、遺族を慰める意味合いもあったのですが、しかし、なによりも、人々は、死者に最後の挨拶をして、聖水をふりかけ、その姿をよく拝んだのです。つまり、死ぬ前に、死にいく者が、死の一切を主宰し、命令をだしたのです。死後は、死者は弔問をうけて、敬意を表されたわけです。

死は、死ぬ前においてはその人にとって最後の大仕事であり、死後においては敬愛の対象であったのです。死そのものも苦痛は短く安らかに尊ばれて死ねたのです。それが、最近になって、急に、大きな変化が二つ現れてきているというのです。

(2) 死に関する二つの大きな変化

まず、ひとつは、死にいく者から死を主宰する権利や、死者が敬愛のこもった弔問をうける権利を奪われてしまったことです。死にいく者は、自分の死を教えられず、自分の死を知らず、周囲の人々も家族も医者も最後まで真実を言わず、司祭までも知らん顔を決め込んで嘘の芝居を続けるわけです。そして、意識や知覚が消え去る瞬間や時間がきても、一瞬で過ぎ去ることのないように、家ではなく病院で、死にいく者の口や鼻や手首にはチューブが差し込まれて、いわゆるスパゲッティ状態で何日も何週間も何ヵ月も生かされて、家族は彼の枕元に立ち合うことになり、家族は疲れ切った状態で死を待ち続けるのです。しかし、皮肉にも、彼はだれもいなくなった時に、気遣う人もいない時に、孤独のうちに息を引き取ることになるのです。人知れぬ長い苦痛の中での孤独な死の訪問です。

つぎの変化は、死への関心や憐れみの情が死にいく者から、遺族に移行してきて、死者に敬意を表することから、遺族を励まし慰めるようになってきていて、社会は、遺族に慰められる権利を認めるようになってきていることです。しかし、本当の第二の変化は、近頃、この遺族の権利が奪われているというのです。今、死と死の悲しみを露《あらわ》にすることは、昔、性と性の快楽を語ることがタブーであったように、タブーになってしまい、人々は、遺族に対しても自分の感情はひた隠しにし、冷たく無関心を装うようになってきているというのです。

アリエスは、母親が亡くなった一九六四年にフランスの片田舎に帰郷し、皆からお悔やみの言葉をもらい、母親の苦しみやアリエス自身の悲しみを慰められたのに、僅か七年後の一九七一年に父が亡くなった時には、老人たちでさえ、アリエスを避けたり話をはぐらかしたりするようになっており、父親は儀礼的にすら賞賛と嘆きをうける権利を失った体験を綴っています。今や、悲しむ遺族を直視しないことは、礼を失したことにはならなくなってきているだけではなく、やがて、死について触れることは、エチケットの点から、禁じられることになるであろうと、アリエスは死に対する人々の態度の変化をもう一歩すすめて予測しています。

(3)　死の技術的判定

死に対する人々の態度の変化と言えば、アリエスの母と父が亡くなった一九六四年と一九七一年の間には、死に関して世界的に見てセンセーショナルな出来事が起きているのです。それは一九六七年一二月に南アフリカ連邦のバーナード医師が、交通事故で心停止した直後の女性の心臓を中年の男性へ移植し、世界初の心臓移植として大ニュースになっています。それからは、北米、南米、アジア、ヨーロッパの世界各地で心臓移植のラッシュ状態となります。

日本でも和田心臓移植が一九六八年八月に行なわれています。相次ぐ心臓移植を行なうためには、ひとりの人間の死が前提となります。一九六八年には、人間の死を従来の心臓死から脳死へと変えるための理論と実用が強く主張されて実現しています。世界医師会で採択された「死の声明」（シドニー宣言）と、さらにアメリカの一部の州において脳死を法制化させた医学界の権威、ハーバード大学医学部のハーバード・クライテリア（不可逆的昏睡の条件）の提起は、六〇年代後半の時期に、死に対する人々の態度の変化を決定づけることを証明しています。この宣言とクライテリアに共通する死の思想は、臓器移植という新しい医療技術を実施するにあたり、必要な新鮮な臓器を入手するために、有効な補助手段として脳波計を使用することにより人間の死を瞬間的に決定できることを確定しようとしたことにあります。死に関して言えば、目的は臓器移植にあり人間の死は手段に貶められたこと、死は継続的な過程ではなくて瞬間的な出来事となったこと、医療経済効率の優先、そして何よりも、死が医療技術の問題となったことです。

これらの死の考え方の変化は、どれも劇的ですが、その中で最も警戒すべき考え方は、死が手段化され技術のレベルになったことにあります。ロング・セラー『自由からの逃走』で有名な新精神分析学派のフロムが同じ年の一九六八年にだした書物『希望の革命』の中でアメリカの巨大な技術社会を研究して技術の原理を示しています。技術は、第一の原理に、その可能性とその道徳性の一致をおいており、第二の原理として最大効率をもって最大生産を行なうことを可能にして現代の巨大社会に君臨し、かつての神の座に坐ることに成功しているというのです。死に対する人々の態度の変化は、現代社会が、特に先進工業国において、この時期に先端医学を含めてあらゆる分野に技術革新の波が押し寄せてきて飛躍的な発展を遂げた結果でもあったのです。

(4) 先進工業国家における死の共通現象

松田さんとアリエスの死に対する人間の態度の重大な変化の指摘は、日本とフランスという地理的な距離（極東と西欧）や宗教の違い（仏教とカトリック）を超えて、時期的にも、その内容の変化においても、全く同じと言ってよいものです。日本とフランスにおいて共通する死に対する人間の態度の重大な変化とは、約半世紀ほど前という時期から、死にいく者の死の主宰的役割や死者のうける敬愛の念が一八〇度の転換をして、無視され冷ややかな扱いを受け、死がタブーという鉄のカーテンの中に閉じこめられて日常生活から排斥されて恐怖の対象になってきていることです。その中でも最も気掛かりなことは、二つあります。ひとつは、死がもはや自分の死ではなくなっていることと、もうひとつは、死の厳粛さと死者への敬愛の念が薄れてしまっていることです。つまり、人は、安らかにも尊ばれても死ねない状況に、この約半世紀ほど前から、急激になってきているという切実な体験に基づいた指摘です。

このような洋の東西を問わず死に対する同じような態度の変化は、すべての国に当てはまることでしょうか。テレビや新聞や書物を通して、世界の国々における死に関する記録や報告を見ると、必ずしも、これが世界的現象とは言えないことが分かります。アリエスは、この死の変化が行なわれている国として、オランダ、イギリス、アメリカ合衆国、スカンジナヴィア諸国を挙げて、その国々においては工業化の段階は通り過ぎて第三次産業部門の技術が最高度に発展している社会、後期工業化社会に達しているのだと言って、前のような分析をしているわけです。技術偏重と死の変化がタイアップしているというわけです。この国々に日本も、当然のことながら入ると、私は思っています。特に、この変化を促進しているのは、これらの国において火葬の技術と思想が徹底してきていることが言われています。火葬の経験は、父親、義兄、恩師、親友などかなりの人の別れとしてあります。業火に焼かれるという思いが、いつの場合もあり、あの鉄製の扉がガチャーンと締まり、ゴーという高温の火の音が響くと、とても見ても聞いてもおれなくなり、その場を逃げ出したい思いに駆られます。遺体を取り扱う衛生面や合理性の点から言えば、埋葬としては妥当な方法なのでしょうが、私には耐え切れないところがあります。

(5) 土葬の体験

火葬に対して、私は、土葬の経験は三回ほどしかありませんが、少し違った感情をもっています。最初の土葬の体験は、中学生の頃、親友の弟が小学校の修学旅行の途中、瀬戸内海で船同士の衝突で乗っていた連絡船が沈没し、遺体が戻った時に参列した葬式でした。末っ子の突然の死に家族が泣きくれる葬式でしたが、夕方、家族や親族から悲しみの泣き声が続く中、棺に納められた遺体を担いだ人たちを先頭に笹に白い紙をつけた長い旗をもった行列がゆっくりと山手へ進み、深く掘られた大きな穴に小さな棺が入れられるときに、周囲の人たちが土を入れるのを、お母さんとお姉さんが必死になって止めている光景は、四〇年以上経った今でも忘れることはできません。私の視線は、取り乱す肉親の姿と土中深く下りていく棺に釘づけにされたままで握った土を穴に入れることはできませんでした。

あとは、義父と義母の隠岐島での一三年前の土葬です（図2）。この時も、二人の死顔から視線を離すことができず、棺の蓋が締まり、土を盛られるまでじっとしていましたし、棺を運んだ時の肩に食い込む遺体の重さは忘れることはできません。最後まで人間の姿をしていてこそ、死を主宰できる

1　墓穴に別れの土を入れる遺族

2　海辺の墓参道を帰る遺族

図 2　島根県隠岐郡五箇村久見の土葬

のであり、人間の姿を最後まで見てこそ死者への敬愛の念が続くものだと思います。現状の日本では、土葬をすることは難しいでしょうが、私は火葬より土葬の方が、当然、死にいく者は家にいて世話をうけて、あれこれ、指示をだすことができるわけだし、死者が死を主宰することができて、また、親しい者は、その姿を目撃しているわけですから、ひとときも死者から目を離せない悲しみの中で、本当の意味で、草地に埋められ、葬られるといった感じをもつと思います。このようなこともあって、火葬より土葬の方が死者の尊厳が守られる、安らかに大地に戻るといった心理が働くものと思います。

三　「安楽死」と「尊厳死」

(1)　「安楽死」か「尊厳死」か

現在、「安楽死」や「尊厳死」が言われて問題となるときは、松田さんやアリエスが話題とした本当の意味での安らかな死、「安楽死」や、敬愛の対象としての死、「尊厳死」であった半世紀ほど前の事情とは異なっております。生活水準の飛躍的向上により人間が短命ではなくなり人間の平均寿命が伸びて、医療技術が高度化し延命治療が功を奏するようになって、「安楽死」が「尊厳死」であり、「尊厳死」が「安楽死」であった時期とは人間の生と死に関する考え方も変化してきています。

近頃、オランダでの人間としての尊厳を保った「安楽死」のテレビ放映が話題を呼んだのですが、これは終わることのない絶望的苦痛に襲われ続け、助かる見込みのない末期患者が、自らの意識が明晰なうちに自らの意思により死を決意し、医師が幇助する形式をとり、自らが死を選ぶ自発的死でした。死と病の苦痛から逃れることのできないことを知り、家族に別れを告げて、医師の手助けにより自宅のベットで死にいく光景が映し出されるのですから、「自発的安楽死」とはいえ、これは衝撃的でした。

「安楽死」に関しては、「一人の人間の生命を他人が意図的に終わらせること」と定義したアメリカ医師会の声明文（一九七三年一二月四日）が極めて明快です。この声明文をだしたアメリカ医師会の方針は、安易に人間の生命を取り扱うような医療行為のないように治療を継続することを目指したものであり、この定義のような「積極的安楽死」を認めたものではないのです。わが国において「安楽死」が報じられて問題となるのは、人間の最後として、日常の通常な死ではなくて事件としての異常な死であり、「慈悲殺」、すなわち、殺意をもった「積極的安楽死」なのです。日本の戦後の裁判記録としてコンピューターに収録されている「判例集」には安楽死事件は八件ほどありますが、その中から注目を引いた判例を残した名古屋高裁（一九六二年一二月二二日）と横浜地裁（一九九五年三月二八日）の二例を取り上げ、『判例時報』と『判例タイムズ』の記事に基づいて、事件を裁判所が裁く過程で「積極的安楽死」が法的に免責される条件を示した経緯を検討し、「尊厳死」と「安楽死」について考えていくことにします。

図 3　旧名古屋高等裁判所（現名古屋市市政資料館）

(2) 積極的安楽死免責の六条件

名古屋高裁（図3）の「安楽死」事件は、家業の農業に従事し集落の青年団長を勤めたこともある青年が、園芸組合長や区長の公職に就いていた父が脳溢血を発症し、小康状態の後、再発し全身不随となり一切のことができなくなり衰弱し、上下肢は折れ曲がった状態で激痛を訴え、「早く死にたい」「殺してくれ」と口走り、医師も余命いくばくもないことを家人に告げている状態で起こった事件です。父が病苦から逃れがたいことを知り、子として親への孝養を尽くすには殺害するほかないと決意し、当時、世間を騒がした名張毒ブドウ酒事件にヒントを得て、牛乳に農薬を混入し、何も知らない母が、これを飲ませて死亡させるにいたった事件です。

一審の名古屋地裁一宮支部において有罪判決がでたのに対して、被告人と原審検察官よりそれぞれ控訴の申し立てがあったのに対して、二審の名古屋高裁は原判決を破棄し、行為の違法性を阻却し「安楽死」を認めるべきか、それとも「安楽死」を認めるべきではないかを検討し、懲役一年、執行猶予三年の寛刑を言い渡し、至尊の人命を人為的に断つに必要な六条件を定めたものです。これが「積極的安楽死」免責の六条件と言われる最初のものであり、つぎのようなものです。

(1)　死の切迫（現代医学の知識と技術からみて不治の病で死が目前であること）
(2)　苦痛の甚大（苦痛が甚大であり見るに忍びないこと）
(3)　死苦の緩和（死苦の緩和目的でのみなされたこと）
(4)　意思の表明（意思の表明可能の場合に本人からの真摯な嘱託のあること）
(5)　医師原則（医師によること）
(6)　倫理的方法（方法が倫理的に許容されるものであること）

これらの六条件がすべて充たされた時には、殺害行為の違法性が阻却され「積極的安楽死」の行為が免責される場合があるとし、逐次、項目ごとに詳細に検討し、本件の場合は(1)から(4)までの死の切迫、苦痛の甚大、死苦の緩和、意思の表明は妥当するが、(5)と(6)の医師原則と倫理的方法の二つに関しては妥当しないとして、一審の刑の重い尊属殺人の判決を破棄して、刑の軽い嘱託殺人の判決を言い渡したものです。

(3)　東海大学付属病院「安楽死」事件

横浜地裁（図4）が担当した東海大学「安楽死」事件は、東海大学付属病院の内科医として配属さ

図 4　旧横浜地方裁判所

れたばかりの新婚の若い医師が、患者を引き継いで二週間足らずの間に、実際には診察をはじめてから六日目の一九九一年四月一三日に心停止の作用のある塩化カリウムを投与して即時死亡させた事件です。この事件は、人間の生と死をめぐって「尊厳死」や「安楽死」を考える上で極めて重要な事柄を提起していますので、死亡までの経緯を判決文に沿って少し詳しく言いますと、大体、つぎのようになります。

患者は多発性骨髄腫（癌）の確定診断を受けて入院した五十代の男性で、入院治療後、病状の進行が抑制されたので一時退院したのですが、七ヵ月後には病状の進行により再入院しています。この間、患者には各種の抗癌剤が投与されたのですが、病状は悪化します。長男には医師より病状の説明と余命の推測が告げられ四月死亡の可能性が言われております。患者の妻は毎日のように病院に行って世話をしていますが、病名と病状については、死亡する前月に知り、強い衝撃を受けます。長男は週に二、三回ほど病院に行き、患者に面会し、また担当医と熱心に面談し、病状や治療についてメモをし、医学書を読み、薬剤の使用について医師に要望もだしています。引き継いだ若い医師が実際に診察をはじめる頃から、患者は点滴やフォーリーカテーテルを引き抜く不穏な行動にでるようになり、意識のレベルも低下し、長男は「自然死」を考え、死期が迫った際には、治療の中止と苦しまないことを要請します。これに対して医師は治療の継続を主張しながら、家族の希望をいれて心肺蘇生の中止は決めますが、家族にとって患者とは何かと思い迷うようになっていきます。患者の容体はさらに悪化し、家族は、苦しそうな息遣いに耐えかね、患者に本当のことを言わなかったことを反省するようになります。患者は対光反射もなくなり、意識も最悪となり、泊まり込んでいた長男と妻は、患者の「自然死」と帰宅させることを考え、死期が早まっても仕方がないからと、一切の治療の中止を言い立てます。医師は栄養と水分の補給中止は死期を早めることになる、医師として最後まで治療を続けることを主張します。治療を継続する医師の使命と看病に熱心で患者をいたわる気持ちの強い家族の愛情の間に解決しがたい対立が生じています。

最終日となる六日目、家族からの再三の要求に対して医師は説得や治療を試み、患者の意思のことを考えないわけではなかったのですが、患者の「自然死」と家族の希望をいれて、点滴やカテーテル等の全面的治療の中止を決めます。この間、他の医師や看護婦にも家族から同じ要請がだされて、家族は説得をうけていますが折れることはありませんでした。しかし、患者の呼吸は一向に楽にならず、長男から「楽にしてくれ、家に連れて帰りたい」と執拗に迫られ、これは「息を引き取る要求」と考えたのですが、鎮静剤で呼吸抑制の副作用のある薬剤を投与します。しかし、患者のいびきと苦しげな呼吸は止まず、長男から早く息を引き取ることを要求され、医師は呼吸停止を恐れて別の呼吸抑制剤を投与しますが、同じ症状が続き、医師は長男に「薬を使って死なせることは、法律上、許されない」ことを強く言いますが、長男は父親に何度も痛い思いをさせたことを後悔し、確実に息を引き取り帰宅させることを決意し、激しく医師に最終決断を迫ります。医師は、この理不尽な要求に迷い、複雑な思いの中で、心臓障害のある塩化カリウム製剤を思いつき、その所在を看護婦に聞いて、長男のいる病室で殺意を抱いて投与し、最終的に心停止により死に至らしめたのです。診察の日数や時間に換算して考えると一見して若い医師の短絡的事件と思える「安楽死」事件として、世間から袋叩きにあった事件でしたが、数日間とはいえ、末期患者をめぐって家族と医師の間に、激しい対立と確執のあったことが伺えます。

(4) 横浜地裁の判断

横浜地裁の松浦繁判事は、この「安楽死」事件を裁くにあたり、現在、治る見込みがなく苦痛のまま生き長らえざるを得ない末期患者の出現を、現代医学の知識と技術とによる矛盾として捉えることからはじめています。松浦判事は、この事件を現代医療のあり方について再考を促す事例であると認識し、病気への対応の仕方（患者の自己決定権）や、生命の質（末期医療のあり方）や、延命治療の問題（尊厳死や安楽死の問題）等の点を再考すべき重要項目としています。そこで、松浦判事は、こうした点を考慮にいれて最終日の出来事をつぎの三段階に分類し、逐一、厳密に検討しています。

(1)　治療中止の段階（家族からの要請により点滴やカテーテル等の治療行為を中止した第一段階）

(2)　苦痛緩和の段階（呼吸抑制剤を投与して苦痛を緩和した第二段階）

(3)　生命短縮の段階（苦痛から解放するために塩化カリウムを投与して生命を短縮した第三段階）

治療中止の段階では「尊厳死」（「自然死」、「消極的安楽死」）が検討され、苦痛緩和の段階では「間接的安楽死」が検討され、生命短縮の段階では「積極的安楽死」が検討されています。

(5)　尊厳死の検討

まず、第一段階の治療中止の正当性が認められるならば、「尊厳死」となります。「尊厳死」の正当性は、無駄な延命治療を止めて人間らしい「自然死」を迎えることにあるとし、そのためには患者の自己決定権を尊重することと、無益な治療行為の限界を示すことを根拠に、治療行為の中止が許される三要件を、つぎのように決定しています。

(1)　死期の明白な切迫の確認（患者の回復の見込みがなく死が避けられない末期状態にあること）

(2)　患者の意思表示（患者の治療行為中止の意思表示があること）

(3)　全治療措置の中止（栄養・水分の補給中止を含めてすべての治療措置の中止であること）

松浦判事は、治療行為の中止が成り立つ最大の根拠を患者の自己決定権にあると明言しています。しかし、この自己決定権は死を選ぶ権利や死ぬ権利を認めたものではなく死の迎え方や死への過程の選択権を認めたにすぎず、また回復の見込みのないとはいえ医師の治療義務の限界を安易に認めてしまうような生命軽視の風潮を助長することのないように厳しく戒めています。その上で、第一要件として、現在の医学の知識と技術をもってしても患者の死の回避が不可能である末期状態であることの確認をいうわけです。さらに複数の医師によって、死の回避の不可能が繰り返し診断されることが望ましいとしています。

本件に関しては、このような死期の明白な切迫の確認はあったと判断し、さらに治療行為の中止の是非を問う必要性を言います。

第二要件の患者の意思表示はまさしく患者の自己決定権を言うものですが、そのためには病状や病名や治療内容や将来の予測を含めたインフォームド・コンセントの重要性が指摘されています。治療を中止する段階で患者の明示の意思表示が得られない場合は、事前の生前の意思（リヴィング・ウィル）が文書、もしくは口頭によるものがあれば、患者の推定意思を認定する有力な証拠となるとしています。家族による患者の推定意思についても言及されていますが、これは厳格に規定されており、患者の性格や価値観や人生観をよく知っていることや、医師と家族の間に情報の交換がゆきとどいていて患者の治療や病状を十分にわきまえていることが必須とされています。

本件に関しては、患者には正確な病名も知らされず、病状や予後の説明もしていないのですから、末期状態の治療行為を中止するか否かの意思表示はなかったとしています。家族の推定意思については、たしかに家族は患者の意思を推定できるが、しかし治療中止の大きな要因となる苦痛の性質や内容の理解は十分ではないとしています。なぜなら、最終日には患者が意識も疼痛反応もなく痛みや苦しみを感じる状態になかったことを、家族は正確で十分な情報をもたず知らなかったからです。患者の意思と家族の推定意思は否定されています。

したがって、医師と患者および家族との間の接触時間の短さとインフォームド・コンセントの欠如から判断して、点滴等を中止する第三要件が成り立つ条件はないとします。

本件は、これらの判断により、治療中止の第二、第三要件は満たさず、「尊厳死」は成立しないとされます。

(6)　死ぬ権利と自己決定権

横浜地裁の判決は日本の裁判所が「尊厳死」について規定した最初の判例であり法的効力をもつわけですから、極めて重要な意味をもち人間の死の尊厳を語るときには大きな重みをもつことになります。しかし、松浦判決は、死ぬ権利や死を選ぶ権利を認めていないことを明言しています。したがって、オランダのように死が明白で絶望的苦痛を回避できない末期患者自身が自発的に死を選び、そして医師が手助けをし、その社会が死ぬ権利を認めることは、この判例には含まれてはいません。死を選ぶということは、その根底に死ぬ権利を各人がもっていることを認めてこそ成り立つ選択権であるからです。松浦判決は、その意味において、人間の死ぬ権利に関して制限つきの自己決定権を認めているだけです。それは、この事件に見られるように日本の医療の現状を憂慮して医師が治療義務を安易に放棄する恐れがあると判断しているからだと思われます。

この判決がでる一四年前にすでに、世界医師会総会で採択された「患者の権利に関するリスボン宣言」(一九八一年、一九九五年修正)では、インフォームド・コンセントが十分になされた上で、「治療を受ける権利とともに、治療を拒否する権利」、つまり、治療中止の権利を患者に認め、その上で「患者は尊厳をもって死を迎える権利を有する」ことを言っております。リスボン宣言で注目に値するのは、この「尊厳死」を患者の権利として認めるだけではなく、医師が自らの使命として、この治療中止や「尊厳死」の患者の権利を行使することが倫理的・法的に困難な場合には、患者の利益のために、これを全うさせることを宣言していることです。修正された宣言では、患者の最善の利益と、患者の自主的判断と公正の保障が、さらに詳しく並記され、医師が守るべき患者固有の権利とされています。

オランダの「安楽死」(「尊厳死」)の場合は、このリスボン宣言の患者の権利と医師の使命が両立しているのです。日本において死を選ぶ権利や死ぬ権利を認めていないのは、オランダのホームドクター制という医療のあり方や生と死に関する社会の見方にオランダと日本とでは大きな開きがあり、日本ではまだ時期尚早だと、裁判所が考えているからでしょう。

(7) 日本学術会議の「尊厳死」の最終報告

横浜地裁の判決がでる一年前の一九九四年五月二六日に、日本学術会議の「死と医療特別委員会」が「尊厳死について」という表題で、中間報告を経て最終報告を行なっています。その内容は翌日の新聞紙上を「安楽死の容認」、「栄養補給中止の容認」、「餓死させても自然死」、「殺人とみなされる」等の見出しで飾りましたので覚えておられる方も多いと思います。最終報告は、尊厳死を取り上げる意味、延命医療中止の意義、延命医療中止の条件、拒否の対象となる延命医療の内容や範囲、立法化の要否の五分野にわたって検討しています。

この最終報告は、近年の生命維持装置の発達により苦痛に苛まれる末期患者や植物状態の患者が多く現出し、無駄な延命だけの治療が行なわれている世界と日本の医療の現状を認識した上で、「尊厳死」について「助かる見込みのない患者に〔患者の自己決定権に基づいて〕延命治療を実施することをやめ、人間として尊厳を保ちつつ死を迎えさせること」と定義しています。つまり、「尊厳死」を専ら延命のためにのみ実施されている医療に限定し、過剰な延命治療の中止として捉えています。これに東海大学安楽死事件やオランダ独自の安楽死や世論の動向が特別委員会を動かす要因となっていることも合わせて述べております。

さらに延命医療の実態を側聞しているところとして、患者や家族に対して激痛や、治癒の見込みのないことや、死期の切迫等について説明がなされないままに、しかも患者の意思に反して過剰な医療が行なわれている現状を示して、「尊厳死」を一般的に認める根拠として、近親者の物心両面の過大な負担の軽減や、国民全体の医療経済上の効率性や、患者の意思の尊重の三点を挙げています。しかし、近親者の都合を言えば、近親者の利益のために患者の生命を短縮することを正当化することになるとして倫理的かつ法的に妥当ではないとして認めてはいません。また無益で高額な延命治療が横行していることは明らかですが、この改善は「尊厳死」とは別次元の適正化の問題であり、経済的効率をもって人間の生死を決めるのは倫理的かつ宗教的に許されないとしています。それにもかかわらず、医療の向上や変化、そして高齢化社会への変容のなかで医療や人間の生き方に根本的な疑問が生じて、「苦しくても一秒でも長生きしたい」という考えから、「治る見込みがなく死期が近いのであれば、苦しみを和らげてもらって残りの人生を有意義に使って人間らしく自然に死にたい」という者が増えてきているとして、末期状態にあっても医療の原点はインフォームド・コンセントに立脚した患者の意思、すなわち自己決定権ないし治療の拒否の思想にあると判断し、これを「尊厳死」の決め手としています。

患者が延命治療を拒否している以上は、たとえ生命の短縮につながるとしても患者の意思に従って延命治療を医師が中止することは倫理的に認められるし、また自殺幇助や殺人にもならず法的に許容されるとしています。なぜなら、その場合の死は、患者の自己決定権に基づく苦痛緩和の結果であり、殺すことを意図していないのであるから、倫理的にも法的にも問題にはならないと主張しています。しかし、その方法が毒物を使用するなどして人間の自然の生命を奪う場合は「尊厳死」にはならないとしています。延命治療中止の核心は、患者の自己決定権にあるわけですから、意思を表明できないときには植物状態を含めて書面での生前の意思の表明や、また生前の意思の確認には近親者の証言が有効になるとしています。

このように「尊厳死」の意味や延命治療中止の意義を示して、延命治療中止の三つの条件を提示しています。

(1)　患者の助かる見込みがないこと
(2)　患者の「尊厳死」の意思表明のあること
(3)　延命治療中止は担当医が行なうこと

患者の助かることの見込みがないことの判定は、医学的判断により繰り返しなされ、専門医を含めて複数の医師があたること、延命治療の中止の判断も医師が行なうとしていますが、インフォームド・コンセントが近親者と十分になされていることが前提となっています。そして患者の意思表明は意識が明晰であるときの明示の意思表明であることが必須であり、近親者による意思の代行は認めていません。大いに注目を集めた水分や栄養補給の問題は、その方法が人為的であるから、治療中止の範囲に入るとしています。立法化に関しては、脳死と同じような問題点を含むから、今後の課題としています。

(8) 積極的安楽死免責の再検討と四条件

日本学術会議の「尊厳死」の話から、再び横浜地裁の判決文に戻して「安楽死」について言いますと、「安楽死」が成立する要件を全体的に検討し、つぎの四つの要件を立ててから、内容の検討に移っています。

① 肉体的激痛（患者に耐えがたい肉体的激痛があること）
② 死期の切迫（患者の死が避けられず、死期が切迫していること）
③ 意思表示（患者の意思表示があること）
④ 安楽死の方法（安楽死の分類とその方法）

特に第四要件では「安楽死」を不作為型の「消極的安楽死」、治療型の「間接的安楽死」、意図的な「積極的安楽死」に分けて、それぞれの「安楽死」の是非を問うています。治療を控えて死期を早める不作為の「消極的安楽死」は治療行為中止の要件内（「尊厳死」）のことであるとし、検討すべき「安楽死」から除外しています。

問題は、「間接的安楽死」と「積極的安楽死」の二つです。「間接的安楽死」は肉体的激痛の除去・緩和という治療目的の副次的結果としての死ですから、激痛除去の選択をする患者の自己決定権が根拠となりますので、患者の明示の意思表示だけではなくて患者と家族の推定意思でもよいとされます。推定意思が認められるのは、この「間接的安楽死」が正当な治療行為のなかで起きたことの結果として考えられるからです。

本件では、苦しそうな息遣いやいびきは、肉体的苦痛とは言えず、また患者や家族の意思も、お互いの意思の疎通が不十分なところから、認められず、第一、第三要件を満たさないために「間接的安楽死」は成立しないと判断されています。

「積極的安楽死」を検討するにあたり、この最後の方法にいたるまでには、あらゆる医療手段が講じられたことを考慮して、名古屋高裁の医師原則を苦痛除去・緩和のための代替手段がないときと変える必要を言います。その上で、苦痛回避の手段がなくなり生命を短縮する選択が許される緊急避難の法と、その選択を患者がする自己決定権とを根拠に「積極的安楽死」を認めます。したがって、患者の意思は明示のものであることが必要であり、推定意思では不十分であるとされ、「積極的安楽死」が免責されるには、つぎの四要件が満たされることを決定します。

(1) 肉体的激痛（患者が耐えがたい肉体的苦痛に苦しんでいること）
(2) 死期の切迫（患者の死が避けられず、その死期が切迫していること）

(3) 苦痛の緩和・代替手段のないこと（患者の肉体的苦痛を緩和・除去する方法が尽くされ他に代替手段のないこと）

(4) 明示の意思表示（生命の短縮を承諾する患者の明示の意思表示があること）

本件では、これまでの記述から分かるように、意識も疼痛反応もなかったのですから、肉体的苦痛の存在は否定され、そのことにより苦痛除去とか手段を尽くしたとか代替手段がなかったとは、到底、言えず、患者本人の明示の意思表示もないことから、第一、第三、第四の要件を満たしておらず、「積極的安楽死」免責の条件は成立しないと判断されたのですが、被告が大学を懲戒解雇になり社会的制裁をうけていることや、患者家族が悪感情をもたず刑事処分を望まない点等を斟酌して懲役三年の有罪判決が出ています。

「尊厳死」と「安楽死」を峻別した横浜地裁の判決の中で、特に「間接的安楽死」について、日本の医療状況を考慮して無駄な延命治療の中止や「積極的安楽死」と一線を劃した現実的な「安楽死」として評価する考え方があります。「間接的安楽死」は、無駄な延命治療の中止だけではなくて栄養や水分の補給等の全治療行為の中止により死がもたらされるにしても、それが身体の衰弱をもたらし生命の短縮になるにしても、患者の意思を最大限に尊重し、患者の死を意図しない治療の結果としての死である限り、法的にも倫理的にも許されると考えているからです。つまり、インフォームド・コンセントに基づく患者の「自己決定権」と医師の「治療行為」の意図しない副次的結果との一致を、そこに見ているのです。その前提には「患者の意思を尊重した医療」と「医師による独善的医療の撤廃」という医療の健全なあり方があるわけです。

おわりに

二〇世紀後半の先進工業国において、死に対する態度や死の環境や死の判断が急激で劇的に変化していることや、その変化に「尊厳死」と「安楽死」と言われものが必然的に結びついていることや、「尊厳死」と「安楽死」の状況を伝統や判例に基づいて話してきました。

死は、その時代の思想を反映しており、死の問題は、わが国の戦後の飛躍的な経済的社会的向上という時代状況と密接な関係をもっております。わが国は近代化の模範とした西欧諸国やアメリカと並んで先進高度工業国として成功し、経済的に豊かになり生活水準は著しく伸びて医療制度や公衆衛生思想が行き渡り、世界一の長寿国を続けています。人々が医者にかかり病気次第では入院することが一般化し、医療は技術的に目覚ましい成果をあげております。人々の生活の単位は封建的な大家族的で家父長的な家制度から夫婦単位の合理的な核家族になっています。貧しい農業国から富裕な工業国への見事な転身があり、それは誇るべきことなのです。食べたいと思えば、世界各国の料理だって食べることはできますし、行きたいと思えば、世界のどこへだって旅は可能です。しかし、この豊かさを享受する間に失ったものの大きいことを知りはじめたのも確かなことです。まさに、人間の最後を飾る死の問題も、そのひとつだと言いたいのです。

貧しさにからむ問題はあったのですが、安らかに人間らしく自らの死を迎えることが可能であった時代は、二度と帰らない過去となっています。世界一の長寿国の現実として、自らの死を自らの家で自らの考えを生かして遂げることができなくなっています。先日の新聞に、癌にかかり死期を悟り、病院ではなく自宅で亡くなった中川米造さんのことが書かれていました。自らの最後を平生の自らの考えに基づいて遂げた行動として称賛されていました。自分にはできるかなと自問してみましたが、無理だろうなあ、というのが本音でした。このことは、立派な大病院で手厚い治療と看護を受けることは庶民にとって高嶺の花であったのですが、それが現実化すると、思いもしなかった重大な問題が生じてきていることを意味しています。そのことについても松田さんやアリエスから引用して話してきました。ホスピスのような病院を除けば、普通の病院では、今日のテーマでもあり、だれもが願うような真の意味での「尊厳死」や「安楽死」と言われるものは不可能になっています。横浜地裁の判決文を詳細に話しましたのは、「尊厳死」と「安楽死」の違いを鮮明にしたり、その可能性を問うたりするだけではなく、その前提になっており、自らの死にからむ「インフォームド・コンセント」と「自己決定権」の思想を理解し、自らの最後をいかに迎えようかと思っているからです。死に限定して、この二つの思想を平たく言えば、自らの死について、その情報を一番よく知っている者と十分に語り合い、納得し、最後には、自らの死を自らで決める時間のゆとりと死ぬ場所を決めることが大切であると言うことになります。これは、死に至る病にかかり、異常な状況の中では、簡単に急にできることではありません。日頃から、健康な時に、身近な人の病気と死を自らのこととして引き受けて自らの死についても、どうありたいと願うのかを承知していてこそ、そして、さらに自らの死が明らかになりだす時に、もう一度、死と向かい合うことが可能になると思います。

「インフォームド・コンセント」も「自己決定権」も、近代化の模範とした国からの輸入品ですが、過去の短命であった日本人が、それとは意識せずに、身辺の経験から自らの死に関する当然のこととしてわきまえており、また死にいく者の思うようにさせた家族も知っていたことではないでしょうか。誤解があるといけないので、最後に一言、付け加えておきます。松田さんは、老いのあまり、ただ安楽に死にたいとだけ口走っているのではありません。安楽に死ぬ方法として、しかも自らが主宰して人間らしく死ぬには、この日本においてどうすればよいかということに踏み込んでいます。それは、国民に対する新しい税負担で間もなく導入される介護保険の実施について、官主導ではなく民主導でやることの大切さを説いて、六十歳代の人たちの団結と闘争を呼び掛けています。かつての闘士、老いてますます盛んという言葉がぴったりです。人間、生まれるときの生か死かは思うようにできないけれど、死ぬときの生と死を思うようにできてこそ、人間らしいというわけです。

参考文献

(1)「いわゆる安楽死を認めるための要件」(『判例時報』、一九六三年二月二一日、三二四号所収)
(2) フロム『希望の革命』(作田啓一、佐野哲朗訳)、紀伊国屋書店、一九六九年。
(3) アリエス『死と歴史』(伊藤晃、成瀬駒男訳)、みすず書房、一九八三年。
(4) 加藤尚武、飯田亘編『バイオエシックスの基礎』、東海大学出版会、一九八八年。
(5) アナス『患者の権利』(上原鳴夫、赤津晴子訳)、日本評論社、一九九二年。
(6)「死と医療特別委員会報告—尊厳死について—」(日本学術会議「死と医療特別委員会」)、一九九四年。
(7)「東海大学安楽死事件」(『判例タイムズ』、一九九五年七月一五日、八七七号所収)
(8)「東海大学安楽死判決」(『判例時報』、一九九五年七月二一日、一五三〇号所収)
(9) 浅野遼二「脳死の考察—シドニー宣言から脳死臨調までの新しい死の系譜—」(大阪大学文学部哲学哲学史研究室編『カンティアーナ』第二六号)、一九九五年。
(10) 星野一正『わたしの命はだれのもの』、大蔵省印刷局、一九九六年。
(11) 松田道雄『安楽に死にたい』、岩波書店、一九九七年。
(12) 星野一正「国際バイオエシックス研究センター・ニューズレター」、京都女子大学宗教・文化研究所、第三四号、一九九九年、秋。

戦争における証言の領域

冨山一郎

一　戦後という時間

戦後責任という言葉がある。直接戦争に加担した責任ではなく、その責任を放置してきたという意味での責任ということらしい。確かに高度経済成長と共に育った私の世代にとって、あの戦争は映画の情景であったり、酔うたびに聞かされた、親父の昔話だったりした。学徒動員で高射砲を射っていた親父は、照準器で狙いを定めると飛行機のほうもこちらを照準器でみているのがみえ、そのにらめっこに自分が勝利した話を死ぬ直前によく私にしたものだ。だがしかし、何度聞いてもその話からは、あの戦争への責任ということを引き出すことはできなかった。だから戦後責任という言葉を聞いたときナルホドと思いつつも、自分の生きてきた戦後という時間をどう取り扱ってよいか戸惑ったのが正直なところである。

もちろん、侵略戦争によりいいしれない傷を追わせた人々に対し、国家として謝罪し、国家補償を勝ち取ることは何としても実現しなければならない。またそれは、戦後責任などという言葉を持ってこなくても、明確な正当性があると思う。だがなぜ戦争への責任を放置し続けたのか、あるいは放置し続けた間に何がおこっていったのかという問いを立て、自分の生きてきた戦後という時間を問題化することは、謝罪と国家補償を求めるだけでは解消しないと思う。戦後という時間を前提にして戦後責任を立ち上げる前に、まず戦後という時間を問わなければならないのだ。

一九九七年二月に台北で開催され、その後も済州島、沖縄、光州と毎年続けられている国際シンポジウム「東アジア冷戦と国家テロリズム」は、こうした戦後を問題化する極めて具体的な取り組みに他ならない。このシンポは単に新たなナショナルな語りの登場とか、戦前からの連続性という問題ではなく、日本の戦後が、植民地主義からの解放が冷戦構造構築のなかで中断され圧殺されていくプロセスと共犯関係にあるということを、極めて具体的に確定していく作業である。

台湾での二・二八事件とそれにつづく国民党政権の白色テロル、済州島四・三抗争とその後に続く独裁政権による圧政。こうした暴力により打ち捨てられ、傷ついた人々を、他人ごとのように眺めてきた日本の戦後こそ、同時に戦争責任を放棄し続けた戦後なのである。そして、両者は別々に論じるべきではない。このことを、戦争を知らない私たちの世代ということに引きつけていえば、こういうことになるだろう。私が戦争を体験しなかったということは、運命的に戦場から隔絶していたのでは断じてない。アジア太平洋戦争終結の後も引き続いて継続していた戦場を、突然他人事のように自らの領域から切り離すという極めて人為的な、戦後という営みの結果なのだ。

戦争を考えるということは、この人為的な隔絶を問題にしなければならない。いいかえれば、戦後という時間を前提にしたまま戦時期に思いを巡らすことではなく、この隔絶を、すなわち今にいたる戦後という時間そのものを問題にする作業が伴わなければならないのである。だからこそ高射砲の上での親父の話は、今に継続しつづける戦場とともに、聞かねばならないのだろう。そして今、継続しつづける戦場からおおくの証言が発せられているのであり、この証言の領域こそ、戦争を思考する出発点であることは間違いない。

二　証言の領域

前述した国際シンポジウムとは別のあるシンポジウムの場で、南京大虐殺をくぐり抜けた生存者の老人は、中山埠頭へと向かう中山北路の道のりを、あるいは殺された家族のことを、時にははげしく時にはゆっくりと、語った。そしてそのあと、会場の一隅に陣取った若者達の一人が立ちあがり、それは事実ではないという旨の発言をくりかえした。

証言を話すことは、出会ったこと、見てきたこと、身体に刻まれたことと、発せられる言葉の間の開きを、何とかして埋めようとしながら、遂行されている。だからこそ話し手と聞き手の間には、目線、身震い、硬直、嗚咽、叫び、つぶやき、そして沈黙が、いつも漂っているのだ。そしてこのつぶやきは、事実か事実でないかという証言をめぐってたびたび取り上げられる問題設定と、あまりにもかけ離れている。今ここで証言を考える際に前提にしておきたいのは、語りかける者と聞き取ろうとする者の間に滞留していく言葉にもならないこうしたつぶやきたちを、消し去るようなまねだけは、何としても拒否しなければならないということだ。

今日本の中では、戦争や植民地支配にかかわる証言をめぐって、証言を語り始めた人の口に泥を詰め込むような無神経な議論が、横行している。そしてこうした無神経さに対する渡り合い方は、当然のことながら状況に応じて選択的であるべきだろう。そしてここで選択したい設定は、事実をめぐる渡り合いとは異なる文脈であり、いいかえれば事実の意義には還元されない証言の意義ということだ。またそれは、誤解を恐れずにいえば、植民地支配の歴史を否定する主張に対し、事実を提示して批判することとは異なる文脈での渡り合いである。事実の問題ではなくて、証言が発せられたということそれ自体の重要性をまずもって設定してみたいのである。いいかえれば、語り手と聞き手の間に滞留していく言葉にもならない声を事実で埋めていくのではなく、それ自体からいかなる社会性を見出すのかという問題なのだ。これが、証言と出会うということに他ならない。証言と出会うことは、事実認定としての証言でもなければ、感傷の涙を流したり、同情の眼差しを送ることでもないのである。

リアルな証言は、とにかく迫力がある。だが、そうした証言は誰の証言なのか。いいかえれば証言のリアルさとは、なにか。それは証言者の体験のリアルさなのか。こんな問いを立てると奇異に感じるかも知れない。なぜなら多くの証言には、かならず○○の証言というように所有格がついているし、更に多くの場合、そこにはある主張を持った主体が想定されている。そしてまずいことに、明確な主体が証言の背後に想定されればされるほど、その証言は聞く者にとって了解し易くなる。また更に悪いことには、その主体的立場を理解しその立場に賛同することが、証言をもっとも誠実に聞くということにすり替えられていく。証言を帝国主義の暴力に反対する立場から発話されたものだと想定し、私も帝国主義に反対していますと応えることが、最上の証言への応答であるかのような錯覚に陥るのだ。

もちろん、帝国主義の暴力には反対だ。粉砕しなければならない。しかし証言に出会うこと、あるいは証言がなされ、それを聞くという関係性が紡がれることは、隊列を組んでシュプレヒコールを唱和することだけではないと思う。紡がれるべき関係性を唱和する隊列に単純化してしまうような文脈で使われる帝国主義粉砕という言葉は、血湧き肉踊る言葉なのかも知れないが、私はそこからどうしても乱暴な響きを感じてしまうのだ。

あるいは法廷闘争の過程でなされる証言についても同じことがいえる。証言を聞くことは、法廷闘争を共に闘うことだけではないと思う。法廷闘争は、やはり勝利しなければならない。しかし、証言がまるでその勝利のためにあるかのように了解されたり、その法廷闘争への支援が証言を聞くということと同一視されたりするとき、やはり、紡がれるべき関係性をめぐる多くの議論がすっとばされ、そこから見いだされるであろう新たな可能性が除去されているように思う。だからやはり、問わなければならない。その証言は誰の証言なのか。

三　誰の証言なのか

誰の証言なのか。この問い自身の意義を考えるために、ある日記をめぐるエピソードを挿入させたいと思う。ある時、亡くなった病人の日記の内容が、紹介されたことがある。死ぬ直前までつづられたその日記には、「今日は頭痛がする」、「今日はめまいがする」といった毎日の自分の症状のみが記されている。対処療法しかないその病に対して医者は、こうした毎日の症状に合わせて薬を調整していった。毎日の症状と薬加減をつづったこの日記は、したがって膨大なカルテの束に他ならない。訴えられる毎日の病気の苦しみは、医療のなかでそのつど薬の量的計算へと読みかえられているのである。そしてこのカルテの束に記された症状は、まぎれもなく証言なのだ。

証言とは、文字通り何かの証としての言葉である、と考えておこう。この証言とよばれる領域の特徴は、なによりも、証言と証言者が動かしがたい対応関係で結ばれ、さらに証言者の背後には証言者の体験という領域が広がっているということだ。証言は証言者という存在から切り離すことはできない。テキストとその作者がきわめて強固に結びついているということこそが、証言を考えるうえでの重要なポイントになる。また証言は、証言者の体験を証として提出する行為でもある。したがって証として提出される以上、どこに提出されたのか、あるいはどのような証言台で提出されたのかということが問題になる。

その証言は誰の証言なのか、そして誰に向けられた、あるいはどのような証言台での証言なのか。たとえば患者の苦しみは医療という場において症状として提出されるように、証言を問題にするためには、その証言の法廷にかかわるこの二つの問いを、まずは設定する必要がある。

その証言は誰の証言なのか。〇〇の証言という所有格により構成された証言において、この〇〇の部分は証言の了解し易さとも重なっている。〇〇が既知であったり、そこへの賛同や糾弾が既にある場合、証言がなされる以前にその証言は半ば了解されてしまい、また証言に立ち会わなくても、事後的に納得されてしまう。逆にまた容易に了解し易くするために、〇〇をあらかじめ設定したりもするだろう。帝国主義に反対する立場からの証言ならば、原則的に「異議なし！」なのだ。また逆に、証言の内容を、証言をおこなっている時以外にも延長させ、証言をおこなっていない時の証言者を了解することもある。患者は症状を訴えていないときでも、医者の前では患者でありつづけなければならず、あらゆる発言や身振りは医者により症状として解読される。また激しい指弾を伴う証言をおこなった者は、いつも糾弾者としてふるまうことを求められ、他の発言は封じ込められることになる。だから、それは誰の証言なのかという問いは、証言者と聞き手の関係と証言自体との、こうした換喩的な相互のすりかえを、まずは問題にしている。

この問いにより浮びあがってくるのは、証言以前に存在し、証言の後にも存在しつづける何者かの沈黙である。またこの沈黙は、証言の最中においてもその証言にとり憑いている。証言をおこなう証言者は、まさしく証言するという行為において、証言する人には還元できない何者かを縫い込んでしまっているのだ。そしてそれは誰なのか。医者に症状をつたえ、日記にそれを綴る患者ではなく、黙ってベットの上で沈黙しているのは誰なのか。日記という時間とともに歩むのではなく、日記自身につねに既にとり憑いているのは、一体誰なのか。

四　証言の領域と暴力の痕跡

「私たちが、四・三事件の記憶をめぐる証言を聞いたり読んだりするとき、それは一体誰の物語なのだろうか?」（金成禮「韓国　近代への喪章」伊地知紀子訳『現代思想』二六―七、一九九八年、一八一頁）

国際シンポジウム「東アジア冷戦と国家テロリズム」の第二回目は一九九八年に済州島で開かれた。そしてこのシンポで「国家暴力と女性体験―済州四・三を中心に」と題した報告をした金成禮は、四・三事件をとりあげた別稿で、同じ問いかけをしている。そして彼女がこの誰という問いに対して提出しようとするのは、暴力を被った女性の経験である。だが注意したいのは、彼女は女性の証言という所有格としてそれを提起しようとしているのではないということだ。彼女が女性の経験として提起しようとする問題を女性の証言として考えてしまうことは、身に刻まれた経験と言語化された領域を単純に同一視する誤りを犯している。

あるいは、先ほど述べた普遍的言説による単純化にも注意しなければならない。彼女のスピーチに対してすぐさま、帝国主義は女性の人権を奪っており、私も人権擁護の運動を展開しているという応答があった。だが、金成禮が提起した問題は、人権という普遍的用語に解消すべきではない。彼女がめざしているのは、あえていえば、帝国主義にまつわる暴力をより重層的に設定し、普遍的用語としての人権ではなく、状況介入的な言葉としてそれを作り替えることである。それには、証言が誰の物語なのかという問いを立てることが、ぜがひとも必要だったのだ。

金成禮はまず、四・三事件をめぐるテロルや拷問が執拗に女性の性に向けられていることを事例を上げて説明する。レイプや女性性器への暴力、たとえば性器の中に手榴弾をつっこみ爆発させるなどの事例が示された。こうした事例は確かに様々な証言に基づくものである。だが誰の証言なのか。

「女性たちは当時被った被害に胸が痛み、経験を言語化できずにいます。当時の被害を被った女性たちの大多数が殺されたり済州をはなれたりしたことも、女性の被害の事例を直接聞くことができない理由になっているでしょう。顔にあごがない一人の被害女性は二重三重の鍵をかけたままいきているのであり、事件について全くはなしておりません。」

これは、四・三事件を扱った長編小説『漢拏山の夕焼け』を書いた済州島出身の作家、韓林花の、あるセミナーでの発言である。金成禮はこの韓林花の発言を引きながら、暴力を被った女性においてはその具体像は語られていないにもかかわらず、横でそれを見ていた男性からは極めて精緻な証言がなされていることを指摘する。繰り返すが彼女は、誰の証言かという問いに、女性の証言だと応えているのではない。女性の経験にも関わらず男性の証言だといっているのである。「女性が沈黙し、男性が語り始めた。彼らだけが公式化された言語を所有しているためである。」（金成禮「国家暴力と女性体験―済州四・三を中心に」報告集『二一世紀　東アジア平和と人権』九〇頁）。そして彼女はそこに、女性への暴力を精緻に語る男性の快楽を見いだすのである。それは性的な快楽というだけではない。シンポジウムでの金成禮のスピーチにコメントした金恩實が指摘したように、国家を希求する快楽でもある。天下国家を論じる快楽。

「彼女たちの強姦の性暴力事件を証言する男性の言語は暴力の言語なのである。その理由は被害者自身の肉体的苦痛と道徳的侮辱感を疎外させているためである。」（同上、九一頁）

注意すべきは、金成禮は男や女を本質化しているのではないということだ。彼女が議論の軸に据えようとしているのは、身体的な苦痛とその言語化の問題なのである(1)。苦痛と言語の関係性において、男の言語を暴力の言語と見なしているのである。そこには、身体的痛みは言語化できるのかという問いかけがある。またこの暴力の言語という問題は、法廷言語にもかかわる。証言を法廷闘争の場面で理解したり、あるいは法廷において了解可能な発話を証言と考えるところにも、また証言に所有格を想定し帝国主義に反対する主体の証言として了解するところにも、同じ問題が幾重にも重なっているのである。

金成禮は「女性が語れるようにせよ」と提起する。この提起は、女性が語ればいいということでもなければ、女性の経験は女性しか語れないということでも断じてないのだ。政治的言語における男の言語、暴力の言語が単純化した関係性を共に少しずつかえること。それは同時に、従来の政治的言語が、言語とは見なされなかった領域へと溶解することでもあるだろう。いいかえればそれは、証言にとり憑いている沈黙する誰かと出会うことでもあり、この出会いを抜きにして暴力の痕跡を編集しなおしていくことは出来ないのである。今に続く暴力の痕跡と、その痕跡にとり憑いている沈黙する誰かから、事実をめぐる政治とは異なる政治的言語が登場するのである。

五 「四月巫 漢拏山」第五場

済州島でのシンポの初日に劇団漢拏山による公演があった。四・三抗争を描いたこの作品は、人々が処刑された第四場ののちに、現在の時間に舞い戻ってくる。そこで、済州島のシャーマンである神房（シンパン）が登場し、死者達を呼び寄せる。舞台は死者達が眠っている現在の状況と重ね合わされ、その場は呼び寄せの儀式につつまれていった。公演を見る者と演じる者という関係は壊れ、共に死者達との対話の場に引きずり込まれていく。

金成禮は、「韓国 近代への喪章」（伊地知紀子訳『現代思想』二六―七、一九九八年）でこの神房を介してなされる生者と死者の想像上の対話の中に、暴力の痕跡を編集し直していく可能性を見いだしている。彼女はそれを「民衆倫理」とよぶ。誤解のないように付言すれば、この「民衆倫理」という言葉は、同情や感傷、あるいは思いやりや生真面目さなどのモラリッシュな領域とはまったく無縁だということだ。この「民衆倫理」は、やはり政治といいかえるべき言葉なのである。

フランツ・ファノンがいうように、儀礼は暴力の痕跡を編集し直し、新たな関係性や主体化を開始する起点にもなる一方で、それを再び儀礼が行われる空間の中に封じ込める装置にもなる。

「植民地世界の考察は、必然的に踊りと憑依（ポセシオン）の理解に結びつかねばならない。原住民が緊張をとくのは、まさに筋肉の演ずるこの大饗宴のさいであって、そのあいだにこの上もなく激烈な攻撃性、直接的な攻撃性、直接的な暴力が、誘導され、変形され、うやむやにされるのだ。(2)」

だがしかし、「原住民は現実的なるものを発見し、自分の実践活動、暴力の行使、解放の意図を通して、現実を変えてゆくのである(3)」。こうした行き先不明のプロセスの中にあって、金成禮は、そこに、従来の政治的言語を再編しなおす拠点を見いだそうとし続けるのだ。暴力を被った痛みは、証言のリアルさでもなければ同情の供給場所でもない。痛みが、つぶやきや夢のような儀礼の言葉として表現されるとしたら、それはすでに政治の開始である。またそれは、さしあたりは文化と名付けられしまった領域における政治でもある。

証言に出会うということ。それが自分の生きてきた時間を混乱させ、その中から新たな関係性を見いだすこと。戦後を問題化する作業とは、金成禮のいう「民衆倫理」を起点にすることなしには、有り得ないだろう。

注

（1）この問題は、フランツ・ファノンの出発点でもある。ファノンの場合、金成禮のいう男性的な暴力の言語の問題は、精神科医の精神分析学的言語の問題でもある。「どうしたんだい、君？／死にそうなんです先生／声はかすれ、消え入りそうである。／どこが痛いんだ？／そこらじゅうです、先生」。フランツ・ファノン、北山晴一訳『アフリカ革命に向けて』みすず書房、一九六九年、一一頁。
（2）フランツ・ファノン、鈴木道彦・浦野衣子訳『地に呪われたる者』みすず書房、一九六九年、三六頁。
（3）同。

（本稿は「証言と出会う」『インパクション』110号（一九九八）に大幅に加筆したものである。）

考えにくい死を考える

――哲学のまなざし――

中岡成文

「太陽と死は直視できない」という言葉がある。ハイデガーという哲学者がいったように、私たちは「死に至る存在」ではあるが、しかし決して死そのものを経験することはない。

私がいま関わっている「臨床哲学」という新しい哲学プロジェクトでは、「現場」ということをキーワードとして大切にしている。現場を知るか、知らないかで、理解の厚みには決定的な違いが出てくるものである。しかし、死に関しては誰も真の現場を知らないといえる。なるほど、私たちは肉親を含めて、誰か近しい人の死を体験したかもしれない。それは悲痛なことではあるが、あくまで他の個人の死であって、自分の死ではない。また、世には臨死体験なるものが報告されている。私は自分にそのおぼえがないからといって、こういった非日常的現象を否定しようとは思わないが、いずれにせよそれは「臨死」ではあっても、「死」そのものではなかろう。

死を「こちら」から、つまり生きている人間として見やるか、それとも「あちら」から、つまり死そのものの側に立って見来るかは、絶大な相違を生むはずである。しかるに、いま述べたように、死を「あちら」から見ることは不可能であるように思える。こちらから見るにも、死を参照しつつ生きる（超越的に生きる）のと、この世の観点をあえて無造作に死に持ち込む（この世の延長線上に死を捉える）のと、二つのやり方があるだろうが、いまこの違いは問わない。ともかく、死を考えようとしているとき、私たちはまだ死んでいない。あくまで生者として想像をたくましくし、死の影に入り込もうとしている。そこに死の考えにくさがある。哲学は、死をその考えにくさとともに考えようとする。

哲学者といってもいろいろなタイプの人がいるのだが、ここでは古代ギリシアの哲人として有名であるのみならず、哲学者の代名詞ともなっているソクラテスの死生観を手がかりとして見ていきたい。

一　死の不可知論――ソクラテスの第一の眼差し――

哲学史の勉強めいて恐縮であるが、やはり最初にソクラテスという人の生き様や思想について簡単に紹介しておく必要があるだろう。

ソクラテスという哲学者は、古代ギリシアの盛都アテネで、一生を対話に捧げたといっていいだろう。著書は一冊も残していない。彼の風貌や思想は主として、弟子であり、すぐれた哲学者にして文筆家でもあったプラトンが著したいくつかの対話編を通じて知られる。ソクラテスの死生観についていちばん参考になるのは、彼の裁判や獄中の様子、そして刑死のありさまを描いた『ソクラテスの弁明』、『クリトン』、および『パイドン』の三編である（以下、これらから引用する場合は、新潮文庫版『ソークラテースの弁明・クリトーン・パイドーン』田中美知太郎他訳に拠る）。私はソクラテスに死への「三重の眼差し」を認める。彼の死の捉え方は単純ではなく、いくつかの要素がからみあっていると思う。

哲人が死へ注ぐ三重の眼差しとは何だろうか。それは第一に不可知論であり、まだ経験していない事柄についてはやたらに騒ぎ立てないということ、よけいな物語を作り上げたりしないということである。第二にオプティミズム（楽天主義）であり、「善き人には、生きているときも、死んでからも、悪しきことは一つもない」という信念である。そして第三に（第一点では退けているはずの）物語である。剛胆で名高いソクラテスだって、どんな慰めもなく死に向かったわけではなく、当時知られていた宗教的な物語を借りて己を励ましたようなのだ。それは人間的なことであろう。

まず、不可知論から見てみよう。これはソクラテスの場合、「無知の知」の思想として有名である。ただ、その紹介に入る下準備として、とても似ていると思われる東洋の思想にまず触れておく方が、とくに年輩の読者には親しみがもちやすいかもしれない。

日本ではよく知られた孔子の言行録『論語』（貝塚茂樹訳注の中公文庫版『論語』に拠る）の「述而篇」に、「子、怪力乱神を語らず」という言葉が見える。貝塚訳によれば、「先生が怪異、暴力、乱逆、鬼神について講釈されたことはなかった」となる。東洋の賢人孔子は超自然的なことについては語ろうとしなかったわけである。なぜか。

その理由を述べたとも受け取れる別の一節が、同じ『論語』の「先進篇」にある。弟子の子路（または季路）と孔子との対話である。「季路、鬼神に事《つか》えんことを問う。子曰《のたま》わく、未だ人に事うる能わず、焉《いずく》んぞ能く鬼に事えん。曰わく、敢えて死を問う。曰わく、未だ生を知らず、焉んぞ死を知らん。」貝塚訳に従えば、この一節は次のような意味である。子路がどうして死者の霊魂におつかえしたらよいかとお尋ねした。先生が答えられた。「生きている人間に十分つかえることすらできないで、どうして死者の霊魂におつかえすることができようか」。子路がさらに死についてお尋ねした。先生が答えられた。「生についてまだよくわかっていないのに、どうして死のことがわかるものか」。とくに最後の、「未だ生を知らず、焉んぞ死を知らん」の文句は格調が高く、しばしば引用される。

まずこの世の生を大事にし、そこに没頭するという点で、孔子の態度は後に見るソクラテスの姿勢とよく似ているが、他方では死後の世界への信仰をもっていたという裏面でも、両者は似ている。貝塚はいう。孔子の有名な言葉は彼の非宗教性、現世主義を表すものと考えられてきたが、孔子は人間以上の力をもった神を全然信じなかったわけでも、死後の世界を問題としなかったわけでもない。「そういう一見不可知のものについての信仰をいだいていたが、学問の問題としてあまりとり上げなかっただけにすぎない」。この指摘が正しいなら、孔子は哲学的議論の厳密さと、日常性や文化的伝統を負荷されざるをえない人間的実存の広がりとを区別してみせたわけで、この二面の使い分けはソクラテスに通じる。

さて、そろそろソクラテスの「無知の知」に目を移そう。この思想は、『ソクラテスの弁明』に出てくる。死に関連する典型的な箇所を引いておこう。「死を恐れるということは、いいかね、諸君、知恵がないのに、あると思っていることにほかならないのだ。（中略）ひょっとすると、それ［死］はまた人間にとって、一切の善いもののうちの、最大のものかもしれないのに、彼らはそれを恐れているのです」（29a）。一般の人のこのような死の恐怖に対し、ソクラテスは次のような自分の態度をつきつける。「わたしはつまりその、あの世のことについては、よくは知らないから、そのとおりにまた、知らないと思っている」（29b）。このソクラテスの主張が「無知の知」である。すなわち、人生の重大事について自分に真の知識がないこと（無知）を自覚していること（知）を意味する。よく誤解されるのだが、このような自覚を肯定的に表現するのが「無知の知」であって、一般人の陥りやすい空虚な知を指弾した言葉では決してない。

ソクラテスは、死そのものより、むしろその「手前」の生き方を問うているといえる。わけもなく死を恐れて、女々しくするな。恥ずかしい態度をとるな。こう人々に呼びかけている。「死は恐ろしいものだ」というのは、自明とされているが、じっさいは真の知識ではない。それに対して、この世で自分の持ち場をしっかり守ることが大切なのは疑いのないことだと、ソクラテスは考えている。だから、死やその他もろもろのことを勘定に入れるより先に、「まず恥を知らなければならない」（28d）。恥を知ることの重要さを説明するのに、神話的英雄アキレウスの勇敢さが引き合いに出されているが、死をも恐れぬアキレウスというのは、当時の人々が共有したイメージであり、いわばおなじみのことわざみたいなものとも想像される。

いずれにせよ、死を恐れるなというメッセージは、戦士・兵士の心得（その語彙）で語られている。「人がどこかの場所に、それを最善と信じて、自己を配置するとか、あるいは長上の者によって、そこに配置されるとかした場合には、そこにふみ止まって、危険を冒さなければならない」（28ｄ）と語られている。戦士・兵士の体面が問題になっている。この点に違和感を抱く読者はいないのだろうか。私自身はこれまで長いことこの箇所を読み飛ばしてきたが、最近気になってきた。フェミニズムの観点からいえば、ソクラテスの対話にはいわゆるジェンダー・バイアスがかかっており、とくに彼の死が近づくにつれ、女性への蔑視ととれる傾向ははなはだしくなる。毒杯を仰ぐに先立って、ソクラテスは妻のクサンティッペを家へ返す（！）が、それは女が取り乱して自分の静かな最期を邪魔するのを懸念したためである（『パイドン』117ｄ）。

ソクラテスの「死の不可知論」の背後に、公共のために戦うことを誇りとする兵士の構えが透けて見えていることは見過ごせない。『パイドン』では、哲学的対話自体が厳しい戦場になぞらえられる。死を目前に控えたソクラテスがほかでもない死について弟子たちと論を戦わせ、魂が不死であることを論証しようとする。しかし、不死の信念は強力な反論に突き当たり、弟子たちはソクラテスのために意気消沈する。ところが、当の死にゆくソクラテスが、「まるで負けて逃げてゆく兵士たちのような僕たちによびかけ、あの方のあとについて一緒に問題と取り組んでみるようにと励ましてくださった」（89ａ）と、弟子によって回想されているのである。

死を、この世の生命の喪失を恐れるべきではない。なぜなら、生命よりも大切なものがあるからである。身体や、まして金銭よりも、ひとは自分の「精神」がすぐれたものになるよう、専心にケアしなければならない。ソクラテスは「魂の世話」という。そのことを人々に思い出させるのが、自分に与えられた「神の命令」(『弁明』30ａ)だと彼は信じている。

けれども、「神の命令」というのは、現代の私たちにはそのままでは通じにくい言葉であろう。西洋近代は個人の尊厳や自由を確立することを教えた。個人の主体性を越える絶対的な価値はどんどん風化する傾向にある。それに、「精神をすぐれたものにする」というのはむずかしい話である。「すぐれた」といっても、卓越性の統一的な尺度はあるのだろうか。社会の荒廃を防ぐために、とくに青少年の道徳教育や「心の教育」に力を注げという論調を最近よく耳にするが、「徳」を教えることははたして可能なのだろうか。たとえば公共心という言葉で置き換えてみよう。ソクラテスの「死の不可知論」は、「今をしっかりと生きよ、しかも世のため、人のために生きよ」というメッセージだと解釈できるだろうか。戦争のとき、家族のため、国のために死ぬのなら自分の犠牲は価値があると、死地に赴く自分を納得させることもあるようだが、他者のために尽くすことは、ソクラテスにとっての「神の命令」以上に、死の恐怖を克服するのに役立つだろうか。個人差はあるだろうが、一般論としては困難と思える。

このように、「死の不可知論」は、死の手前にあるものの価値づけに深くかかわっており、現代のように価値観が混迷した状況では、なかなか説得力をもちにくい。それなのに、ソクラテスのように冷厳に死をみつめようとすることは、はたして現代でも通用するのだろうか。

哲学の役割について、私はこう考えている。哲学とは、「物語」と「科学」の間を行くものではないだろうか。

物語とは、たとえば遺骨や灰を海や宇宙にまいてもらうというファンタジックなやり方で、死にまつわることを意味づけ、美化する態度である。魂の不死などとはいわなくても、生命の広い意味での連続性を信じ、自然に抱き取られようとする選択である。それに対して、科学は徹底的に唯物的に考える。脳が死に、心臓が止まってしまえば、脳の機能として成立していた意識もなくなるのは当然であると、みもふたもない言い方をする。「人は死ねばゴミになる」と、さらにむきつけな言葉を残した人もいる。ゴミならば、それを海や宇宙にまくのは環境汚染にほかならない。物語か、科学か。ファンタジーか、知性か。

この二者択一が、しかし、不可避ではないと私は信じている。なぜなら、物語も科学もそれぞれ認識としては不十分で、第三の道が必要で、かつ可能と思われるからである。科学も物語も認識の足場とか、方向性について、あまり行き届いた内省を示していない。

まず科学であるが、科学は「客観的」な知識を与えてくれると一般に信じられている。もちろん、近代科学は数量化できる物理空間を作り上げ、その内部で検証可能な現象だけを対象としてきたのであり、それを客観性と呼ぶなら、科学が客観的であるというのは当たり前のことになる。けれども、死という出来事は物理空間内で起こるように見えて、その範囲をはみ出る。そもそも、意識が脳の働きに深く結びついており、脳の死とともに私たちがいまもっている「心」が変化を被るのは明らかだとしても、死ねば心が身体と同様に無に帰すとなぜ断言できるのか。魂の不死の信念に対して慎重に構えるのはいいが、「心は死んでしまう」とまで言い切るのは越権的な推論なのである。

他方、物語に希望を託す欲求は、人間ならば理解できるが、認識の筋道を正しくたどっているとはやはりいいがたい。いまの自分がどの地点に立ち、どのような制約のもとで、死を見やっているのか、そのパースペクティヴをしっかりと保つことは、知性的存在としては譲るべからざる大事である。科学のように死を観察可能な物体として対象化してはならない反面で、死に内側から共鳴しようとして想像力の歯止めをゆるがせにすることも慎まれる。科学的知性と物語的想像力の間を行くこと――それを哲学と呼ばなければそれでもかまわないのだが、ともかくこの第三の精神的営為が私たちに必要なことは確かだと思う。

二　オプティミズム――ソクラテスの第二の眼差し――

ソクラテスの死への三重の眼差しの第二の位相に移ろう。それはオプティミズム（楽観主義）である。

自分に対して提起された訴訟の場を、自らの哲学の最後のパフォーマンスに活用したソクラテスは、その「弁明」を次の言葉で締めくくる。「善き人には、生きているときも、死んでからも、悪しきことは一つもない」（41d）。同じ趣旨でこうも語られている。「僕は死んだ人々にとって何かがある、しかも昔から言われているように、よき人々にとっては悪しき人々にとってよりもはるかによい何かがある、という希望を持っているのだ」（『パイドン』63c）。

善く生きれば善い報いがある。これは必ずしも自明の人生知ではない。悪人が肥え太り、善人が辛酸をなめるのは、よくあることだ。だから、後代の哲学者たちは、道徳的に正しい人たちの報酬は、死後に与えられると論じた。それに対して、ソクラテスは、「生きているときも、死んでからも」善人には悪いことは起きないという信念を披瀝している。問題は、善く生きるとは何を意味し、善いことが起きるとは何を意味するかである。

まず、善いことが起きるとは、何か。現代の私たちの感覚とは、少しずれたことをソクラテスは口にしている（『弁明』40c—41c）。死後に起きうることは、二つに一つである。一つの可能性は、死んだら全くの無になり、死者は何も感じないということ。二つめは、魂が他の場所（冥界）に移り、すでに死んだ人たちと交わるということである。

はじめの可能性は、現在の意識や自我が消滅するということだから、現代人にとってはまさに恐ろしく、寂しいことなのだが、ソクラテスには屈託がない。心が無になるというなら、死は熟睡と同じではないか。ぐっすり眠って、何一つ感じない。それはどんな快楽よりも尊く、どんな王侯でもうらやむ幸福な時間ではないか。そのような時間は「ただの一夜よりも、少しも永いことはない」とソクラテスはいうのだが、どんなものだろう。夜は明け、眠りはさめるからこそ、熟睡は至福である。生がどれほど苦渋に満ちていても、それを離れて永遠の闇に沈むことは、耐え難いめまいを起こさせるはずだ。それなのに、意図してかどうか、ソクラテスは死後の無の状態を心地よいものに描き出すのみである。この世では人間は肉体という牢獄に囚われているという、肉体蔑視の思想が根底に窺える。

ちなみに現代の日本では来世を信じるのは少数派であろう。ほとんどの医療者も、死とは無になることだとみなして恐れ、患者さんが死ぬことに対して無力感をおぼえる。そうすると救いは、患者さんが家族に見守られて自分の人生を肯定的に総括することに限定される。いずれにせよ、死後に人間が無になってしまうという可能性はソクラテスにおいてはあまり重視されておらず、『ソクラテスの弁明』でも『パイドン』でも、話はもっぱら魂の不死に、つまり先ほど提示されたうちの第二の可能性に集中する。とくに、『ソクラテスの弁明』のいわば続編である『パイドン』では、魂の不死が全体の主題となり、辛辣な反論をくぐり抜けて証明される。

したがって、人間は死後、魂のみの存在となって冥界に赴くというのが、ソクラテスの主たる信念と考えられる。彼は当時の神秘宗教（オルペウス教）から受け取ったと思われる「物語」に従って、善き人と悪しき人とが彼岸でたどる異なった運命を描き出しているが、その詳細は後の第三点で触れる。ともかく、ここで大切なのは、魂の優劣で死後の境遇の善悪が分かれるという信念である。敬虔に生きた者、とくに哲学によって魂を浄化されていた者たちは、天上の美しい住居で過ごすことができる。これが善く生きた者の善き報酬である。そのために、人は「魂の世話」に励み、自覚をとぎすまさなければいけない。つねづねの生活で、雑多な欲望に振り回されるのではなく、精神の純一性を追求し、妨げとしての肉体（仏教的には「煩悩」ということになろう）を離れることが要求される。まだ生きている身で、肉体の影響力を離れるように努めるという意味では、哲学は「死の練習」（『パイドン』81a）といわれるのである。

身体的な欲望をむやみに悪者扱いする点では、「善さ」についてのソクラテスの基本的感覚を私は肯定することはできない。魂とはそんなに純粋なものでなければならないのだろうか。あるときはこう信じ、またあるときはああ願いというふうに、折々の揺れにこそ、心の風光は宿るのではないか。けれども、このようにソクラテスの「純粋さ」の希求に疑問を感じる一方では、人間の心が動物的本能にとどまりえない境地に到達している、ないしは到達しうることもまた確かだと思えるのである。死を恐れたり、死者を悼んだりすることは、動物にはできない。愛する者の死に衝撃を受け、長くそれから回復できないということも、この自傷性も、人間以外の存在には考えられないだろう。私たちの心ないし魂は、自然の光に照らされても、自らを独自の色で染める。魂が救いを求めるからこそ、救いもまた生起しうる。もちろん、私が企図した方向から、私の予期した種類の救いが訪れるという保証はない。「善さ」を主張するソクラテスの楽天的倫理に私が首を傾げる理由がそこにある。にもかかわらず、私の魂がいま有している「この自覚」、魂が立っている「この瞬間」は、いわば絶対であり永遠であって、これが死んだり、滅びたりすることはないという直感は、私ひとりをだけ捉えているものだろうか。

三　物語の許容――ソクラテスの第三の眼差し――

先ほど、第一節では、ソクラテスは不可知論に立ったと述べたが、これは補足的説明を必要とする。彼はかたくなに「物語」を退けたわけではないのだ。それどころか、この剛直な哲人だって、死に向かって己を励ますのに、宗教的伝承からいくばくかの助けを引いてきた。彼は魂の不死に関する自分の哲学的議論がどれほど巧みに弟子たちを説得し、彼らをも、自分自身をも不安から救ったとしても、それを絶対の真理に祭り上げる気はなかった。自らのロゴスの「可謬性」を、むしろ彼は計算に入れている。ソクラテスの哲学を評価するとすれば、ここまで目線を伸ばしたいものである。

古代ギリシアの物語では、この世で罪を犯した者たちは死後タルタロス（奈落）やコキュートス（嘆きの河）に落ち、そこで償いをさせられることになっていた（『パイドン』112a以下）。逆に「特に敬虔に生きたと判定された者たち」は、そういった地下のおどろおどろしい場所からは解放され、「高きにある清らかな住家に至って、大地の上に住むようになる。そして彼らのうち、特に哲学によって十分に身を浄めた人々は、以後は全く肉体なしに生き」る（同114c）。

魂のこういった死後の旅路をソクラテスは当時の物語に従って描き出してみせるが、その真実性を馬鹿正直に信じ込んでいるわけではない。彼は狡猾である。彼は「計算をしている」（同91b）のである。つまり、もし魂は不死だという自分の説が真実なら、それを信じるのは結構だし、もしそれが誤っていても（つまり人間は死んだら無になるとしても）死ぬまでのわずかな時をそれなりに充実して過ごすことができる。「僕が悲しんでこの場の諸君に不愉快な思いをさせる」ことなく過ごせるし、誤った説は主人（ソクラテス）とともに消え失せるのだから、それはそれで結構ではないか。ソクラテスはこんな二面作戦をとるのである。何というプラグマティックな態度であろうか。

もう一度いおう。ソクラテスは啓蒙された知識人であるから、宗教的な物語を文字通り信じるのは「良識外れ」であると知っている。同時に、信仰にはそれなりの機能があることも承知し、そのからくりに進んで身をゆだねるのである。彼は弟子たちに、こう種明かしをする。哲学によって身を浄めた人々は他の人々よりいっそう美しい死後の住処に至るなどという「ことが、私の述べたとおりだと言い切るのは、良識ある人間にふさわしいことではあるまい。しかし少なくとも魂の不死が明らかなかぎり、われわれの魂とその住家とについて、こういった（中略）考えに身を託するのは、あえて試みる価値のあることだと思う。そのような冒険は美しいものだからね。そしてこれらのことを、ちょうどおまじないのように、自分自身に言って聞かせなければならない」（同114d）。ここでは、魂の不死はすでに既知のこととされ、哲学者にとっては好ましい、さらに上級の物語が、美しい「冒険」として提示されているのである。死への最後の跳躍を控え、「自分を励ます」ために、ソクラテスはその物語に身をゆだねる。ふつうは周りの人々が死にゆくものを慰め、励ますのであろうが、ここではそれが逆である。それはソクラテスと弟子たちとの精神的優劣関係を反映している。いずれにせよ、ソクラテスは孤独に死んではいない。彼は哲学者（または哲学愛好者）たちの共同体を作り上げ、その中で哲学的物語を織り上げつつ、その語り、聴く行為によって共同体を強化しつつ、死に歩み寄っていくのである。

四　人間は誰の「所有」であるのか——自己決定に潜む問題——

ソクラテスは、人間は「神の持ち物」（『パイドン』62b）だから、勝手に死んではならない、自殺は許されないと考えている。自分が超越的・超自然的な存在の意志に服従すべきであるという考えは、多くの現代人にはなじみにくい思想に違いあるまい。すべての個人は自由であるし、自由を追求しなければならない。それが自然を科学技術で支配し、身分や人種による差別を覆してきた、そして今やグローバルになった西洋近代の価値観の教えることである。とくに、個人は当人自身のことについては最終的な決定権をもつ。これは「自己決定権」と呼ばれる。自分の生命について、すべての人は自己決定権をもつという考え方が、有力になってきている。医療に関しても、医者の専門的知識に基づいた診断を受けて、最終的な治療方針を選択するのは、患者自身だという主張がされ始めている。その延長線上に、生命の終わりを決めるのも当人であるという見解が、なお少数ではあるが、出てきている。延命治療を拒否するのはもちろん、安楽死する権利も、自殺する権利だって各人にあるというのである。

大多数の人は自殺を直感的に忌避するだろうが、なぜ自殺してはならないか、その根拠をあげるのは容易ではない。他人に迷惑をかけないならいいではないかと反論されると、どう応じたらよいのか。親や子や親しい人々が悲しむからという理由では、自殺抑止の決定的な論拠とは認められないように思われる。それに対し、人間の生命や身体は当人のものではなく、「神の持ち物」だという古代の思想は、生命の価値を新たな視点から見させ、生命に関する自己決定と自己支配が陥りうる際限のない迷路を封鎖してくれる。ただ、自己が自己を支配することの無基準とそこから生じるシニシズムを免れたとしても、生命を自己所有から絶対他者の所有へと移すのでは、先ほども述べた近代世界の傾向に逆らうことになり、また別の難問に突き当たってしまう。

基本的な問題は、私の生命や身体は、はたして誰か（私自身を含めて）に「所有」されるものかどうかにある。生命に関する自己決定権の思想がこのところ浴びている批判については、たとえば小松美彦「「自己決定権」の道ゆき――「死の義務」の登場」（上）（『思想』第908号、二〇〇〇年二月）を参照していただきたい。この論文では、最近のアメリカで「死の義務」を唱える論者が出てきたことに触れている。小松の紹介に従えば、J・ハードウィッグは、医学の進歩によりガン、心臓病、エイズなどの死の病が克服され、多くの者が痴呆症になるか衰弱しきるまで生きながらえる世の中が到来すると、家族の重荷にならないために延命治療を拒絶し、自ら死を遂げる義務が発生すると考える。愛する者たちに対するこの「死の義務」に勝るような何か、たとえば「神への義務」が存在するだろうか。ハードウィッグはそれを否定する。この見解をソクラテスのそれと比較してみると、自分の生命に恋々としてはならないと命じる点では両者は似ているが、ソクラテスがそれを「神の持ち物」論と結びつけたのに対して、ハードウィッグは愛する者への義務を拠り所とする。

小松によれば、ハードウィッグはまた、アメリカ生命倫理学の主流である個人主義にも不満を募らせている。個人の生命や身体はその個人だけのものだから、生命を当人の自己決定に任せなければならない――こういう思想が反駁されているのである。その理由は次のとおり。「人生は相互に深く融合しているため、我々は排他的な自己決定を自粛せざるをえない。一人の決定は他のすべての家族の人生にすこぶる影響するからである」（小松論文一四六ページ）。自分の命は自分だけのものではない、というわけである。

池田清彦の『臓器移植　我、せずされず』（小学館文庫、二〇〇〇年）は、脳死者からの臓器移植に対するかなり激烈な批判の書であり、臓器移植を受けてまで生き続けようとすることを「倫理」に反しているとみなすが、これは上のハードウィッグの議論（周りの負担にならないため自ら死を遂げる義務）と通底するのではないかと思われる。もっとも池田の「倫理」という言葉の使い方は美的である。他人の死を当てにしてまで生き延びようとするのは「浅ましい」という。生物個体はいつか必ず死ぬのであり、延命の欲望はどこかで断念しなければならない。死ぬべき時が来たら臓器移植などせずに死ぬのが、「この世に生を受けた生物個体の最終の倫理」だと、彼は主張するのである（同書一九ページ）。周囲の人への愛ではなく、「生物個体」としての身の処し方が判断の基準となっている。ただ、「死ぬべき時が来たら死ぬべきだ」というのは同語反復であろう。死ぬべき時とはいつなのか。人間が開発した技術が生命の領域に介入し、その「時」を変えることがあってはならないのか。たとえば人工呼吸器の使用を池田は受け入れないようだが、私などには使用への懸念はあっても、完全に拒絶することはできない。先端技術が生や死の像をぼやかすのは確かであるが、人間の文化的営みがもともと人間の生物的根拠や範囲を逸脱していく傾向をもつ以上、技術の「無根拠性」や悪魔性に私たちは苛立ちはしても、そのゆえに技術を問責することはできないように思われる。技術に助けられて生き続けるのは、確かに美しくなく、潔くない場合も多いかもしれないが、それを反「倫理」的と決めつけられるかどうかは疑問である。人間の技術のうちには、テクノロジー（工業技術）だけではなく、スキル（手法）も含まれていることを考え合わせてもいいだろう。最期が迫り、呼吸が困難になっても、人工呼吸器をつけるかつけないかの二者択一しか残されていないわけではない。母親が駆けつけて、ゆっくりと話をし、身体をさすってやる。それで患者は呼吸困難と心理的パニックをなだめられ、穏やかな死に就いたという事例を読んだことがある。

池田は「人には自然状態で死ぬ自由がある」（同書四八ページ）と主張する。その主張は、臓器移植をしたいがために（臓器のフレッシュな）脳死者を生産しようとし、そのために人工呼吸器を使用する医師たちに対して、鋭く向けられている。臓器移植推進派に対する挑戦としては、この論難は理解できる。けれども、私はそんなことより、自分自身のことを考える。自分が死に直面して、呼吸困難に陥ったとき、「自然状態で死ぬ」気になるかどうかを危ぶむのである。人工呼吸器をつけても、命はわずかに長く、そして確実に細く、延びるだけだろう。それでも現に虫の息となったとき、私はそのまままっすぐ死にたいと思うだろうか。息ができないというのは恐ろしい。花粉症で鼻がつまると、夜も口を開けたまま眠ることになる。口の中が脱水状態になり、息が通りにくくなる。横たわった姿勢を保つのが苦しくなり、起きあがって水を飲み、気分を落ちつかせる。たかが花粉症でこれだ。人工呼吸器による延命を事前に明確に拒否していた患者が、いざという時になると、翻意したという例は珍しくないらしい。

池田はまた、身体の「所有権」は人にはなく、ただ「管理権」があるだけだと述べているが、これはソクラテスの「神の持ち物」論に近い面があるかもしれない。もっとも、所有権と管理権とでは具体的にどんな違いを生じるのか。身体は当人の所有ではないから、たとえ当人がその気になっても臓器の取引は許されないと池田は論じているが、他方で血を提供すること（つまり献血）は排除していない（同書一四〇ページ）。主要臓器とそれ以外の身体組織を峻別することができるのかどうか、疑問の余地なしとしない。肉体のような特殊な自然的物体の所有ないし管理の問題は、きわめて錯綜している。

ともかく、「人間は身体をコントロールできるものだ」という思いこみがもしあれば、健康を損なったとき、その楽天的信念は痛撃をこうむる。健康や幸福はそれを意志したりコントロールしたりできるものではなく、むしろ「贈り物」だと、受苦する者たちは感じる。たとえば、喘息など、複合的原因をもつ慢性疾患の場合。病理メカニズムが複雑だから、ある薬が必ず効くという保証はない。薬剤を用いても症状が改善しないこともあれば、薬を飲むのを忘れても平気なこともある。たまたま薬が効いて具合がよくなるのは、一種の贈り物と感じられる。

五　「意味」の彼方――死にゆく者のことば――

この文章の冒頭で、「太陽と死は直視できない」という言葉を引いた。太陽は生を育むものでありながら、自らは生から超然としている。太陽も死も「意味」の彼方にある。逆にいえば、そのことにあるときはじめて、はっと気づくほど、私たちはふだんはつねに意味の内部を動き回り、意味を探し求めている。そして哲学の眼差しは、意味の境界線に気を配りつつ、意味の探究を援助し、組織化し、洗練することをめざす。意味の「外」に立つことは哲学には期待できない。

朝日新聞の朝刊に連載されて世評の高い、大岡信編の「折々のうた」シリーズに、かつて、死刑囚の俳句が取り上げられていた。中で私が胸を突かれたのは、「冬晴れの天よつかまるものが無い」という句である。

この句は「絶句」だと注釈を付けられていた。つまり、作者は絞首刑の直前にこの句を口から絞り出し、そして逝った。いってみれば生死の境目で、そしてまさに「句」（人間としての言葉）が「絶」する境目で発せられた作品なのである。この句をしばし味わってみよう。

句の前半、「冬晴れの天よ」までは音調が張っている。力強いと評してもいいくらいである。「つかまるものが無い」で、作者は一転、口ごもる。この脱力し、地に落ちるつぶやき。「つかまるものが無い」という独り言は、犯した罪のためとはいえ、共同性をすでに無残なまでに奪われた境遇の人が、この世への最後のつながりを失うその瞬間に、こぼれ落ちる。死刑に処せられることで、「人と共にある」ことが決定的に途絶えてしまう。その出来事に今しも身をゆだねようとする作者の心情は、寂しいのだろうか。悲痛なのだろうか。

作者は冬晴れの「空」といわずに、「天」といっている。彼は自分が今から帰るであろう天を見上げ、距離感のなさに慄然とする。一方で自分を支えてくれる共同体的根拠は失われている。「つかまるもの」はない。それを寂しいというか。寂しさの極みのめまいであろうか。それとも突き抜け？天に帰る。天に突き抜ける。解放感とはいわないまでも。

句をこのように鑑賞し、作者の心境に添おうと努めるとき、私たちの心に直接伝わってくるあるリアリティーがある。それは「意味」の律動や鼓動に基本的には従いながらも、そこから逸脱する不連続なモーメントを秘めている。哲学のように論理的に迫るのでは、そのリアリティーを素早く捉えることはむずかしい。哲学という知的・精神的な営みには本質的な制約があるのではないかと私が思う、一つの理由がそこにある。たとえば芸術や文学のようなより直観的な表現形式に、ときおり（あるいはしばしば？）気兼ねをしたくなるわけが、わかってもらえようか。

六　死にゆく人の不安にどうかかわるか

哲学と一口にいっても、さまざまな肌合いの違い、物事へのアプローチの違いを包含している。理屈っぽい人も、夢想家肌の人もいる。しかし、多少の違いはあれ、無骨に、愚直に対象に迫ろうとするスタンスは哲学に共通しているように思う。だからこそ、ニーチェのように、「もし真理が女なら」

いったいどうすると、頭の固い哲学者をからかう思想家も出てきた。しかし、ニーチェ自身も広い意味では哲学者である。

この文章の冒頭でもちらっと触れたが、大阪大学大学院文学研究科では、臨床哲学という新しいプロジェクトを始めた。二人の大学院生（そのうち一人はAさんという女性、もう一人は社会人として入学してきた、高校の先生Mさん）が医学部の学生さんたちにまじってアメリカはアリゾナ州を訪問し、在宅ホスピスの研修を受けてきた。繰り返すが、在宅のホスピスである。つまり、患者さんたちは病院のような施設ではなく、自宅で療養しているが、ガンやエイズなど回復困難な重い病気にかかっていることを告知され、自分の余命がよくて六ヶ月と見込まれることも知っている。そして肉親やホームヘルパーの世話を受けている。

日本の学生たちはアメリカの死にゆく人々に、あらかじめ用意された英語の質問表に基づいていくつかの質問をした。それには次のような質問が含まれていた。自分の病気（ガンやエイズなど）についてよく知っていますか。自分が病気にかかっていると告知されて、その事実を受け入れるのにどれくらい時間がかかりましたか。病気について告知されることに同意しますか。ホスピスに入るかどうか迷いましたか。誰が主としてあなたの世話をしていますか。リハビリの努力をしていますか。一人でいるとき孤独であると感じますか。入院しているときより家にいるときのほうが幸せですか。いちばん一緒にいたい人は誰ですか。宗教的な救済を信じますか。死ぬのは恐いですか。病気になってから、死についての考え方・感じ方が変わりましたか。人生を通して、自分や他の人についてどんなことを発見しましたか。

こういった質問に対して、あなたならどう答えるだろうか。そもそもあなたが深刻な病気にかかり、もし気持ちが落ち込んでいるとしたら、日本から来た若者たちのこんなきわどい質問を受ける気になるだろうか。「死ぬのは恐いですか」。質問者はこの質問を何のためにしているのだろうかと、私は正直いうと少し疑問に思った。

死が近く、そしてそれを知っている人に、健康な若者が「死が恐いですか」と質問するのは、「何のため」なのだろうか。少なくともそれは相手へのケアにはなっていない。この問いに答えたからといって、死への恐怖心が薄らぐわけではなく、かえって忘れようとしていた死にいきなり直面させられた患者さんもいたかもしれない。すると若者たちはただ問いたかった、つまりたんに知的好奇心を満たすために問うたのだろうか。それなら質問は残酷だといわれても仕方がない。けれども、じっさいにはアメリカの患者さんたちは喜んで遠来の学生たちに応じたようだ。

ただ、たとえ同情と傾聴の心で発せられたにしても、「死ぬのは恐いですか」というストレートな問いは相手をたじろがせるだろう。Aさんたちが訪れた六〇歳代の女性は、この質問を聞くと、目を見開いて、手でテーブルを二三度軽く打ち、「いいえ」と否定したあと、「あなたたちはどう?」と問い返したという。Aさんが「私も恐いです」と答えたので、患者さんははじめて笑って質問者の手を軽くたたいた。この患者さんは「死」というテーマに直面すること自体は恐れてはいないように見える。日本のように、ともすると悪い知らせを隠したり、本人が知りたがらなかったり、という風土とはかなり違うようであるが、それでも死のテーマを露骨に切り出されると動揺せざるをえない。「恐くない」といえば嘘になる。「恐い」とは言いたくないし、それを口に出しにくい。とくにキリスト教の信仰のある人、またその信仰が厚い地域では、そうは言いにくい。だから、「死ぬのは恐いですか」と問うことは、少なくともこの形では、また少なくともこのタイプの人に対しては、「建設的」な問いではないだろう。かといって、日本のように、深刻なテーマをできるだけ回避するのも、不安にさいなまれている患者さんから気持ちを表出するチャンスを奪うことになるだろう。おそらく、患者さんの気持ちをいい形で引き出し、それによって患者さんの不安が軽くなるような、そんな上手なことばのかけ方が求められているだと思われる。

およそことばのかけ方、質問の仕方そのもので相手の人は微妙に動かされ、反応の仕方を変えるものである。じっさい、Aさんたちの一週間前にも、別の日本人学生たちが同じ質問表をもって訪れているのだが、比較してみると、この患者さんの答えが違っている項目があったそうである。それも無理はない。「聞き手の聞き方や答え手の気分や体調、二人の関係など、その場の状況に」よって、答え方はずいぶん左右される。「またある質問に一度はイエスと思ってそう答えても、答えたあとで自分の気持ちとずれているように感じたり、考え直して、次に同じ質問をされたらノーと答えることも考えられる」。これがAさん自身が気づいたことだった。

生死の境に立たされている人には、気持ちを思いやったデリケートなことばのかけ方をすることが必要だ。Aさんに同行したアメリカ人のソーシャルワーカーは、ホスピスの患者さんに、よく「昨夜はよく眠れた?」とか、「何か夢を見た?」と訪ねるそうである。患者さんは、最初は話をするのをいやがっていても、死んだ人の夢を見たとか、光を見たとか答え始め、それに対してソーシャルワーカーは夢の意味を尋ねる。そうしているうちに、思わぬ長話になることもあるという。夢の話から入る理由は、患者さんは死にまつわる不安を直接にはうち明けにくいが、夢の話を通じてなら、容易に不安を表出できるからである。また、心身の不調のために、固定したものの見方しかできなくなっている患者さんには、ジョークも有効だという。「違う観点を与える」ことで不安を解きほぐす——これがときには大切なことらしい。

ホスピスとは何かということに戻るが、ホスピスは、終末期の患者さん（アメリカでは予後六ヶ月以内と告知され、それに同意した人）をトータルに、全人的にケアするプログラムの総称である。回復は困難とみなされているわけだから、治療をまったく断念するわけではないが、それよりは症状の緩和が中心となる。肉体的苦痛の緩和はもちろんだが、心理的・精神的苦痛へのケア、社会的経済的困難から生じる苦痛へのケア、そしてさらに「霊的（スピリチュアル）苦痛」へのケアが総合的に施されるのである。

いま「霊的（スピリチュアル）」苦痛と述べたが、この領域に日本の終末期医療はこれまでなかなか手をつけてこなかった。日本人には、キリスト教の文化を背景にしたアメリカなどとは異なり、霊魂（スピリット）というものの存在を信じない人が多い。人間には霊的なニードがあるのだといわれてもピンとこないし、それが漠然と「心」の問題だと見当はついても、今度は心理的・精神的ニードとどう違うのかがわからない。

私のところの院生Aさんもどうやら最初は、「霊的」ニードの理解には苦心したようだった。しかし、特定の信仰をもたない人でも、「死んだらどうなるのか」、「私の人生はどうだったのか」と気にはかける。自分の人生の総括と死後への可能な限りの展望。これなしでは、人は安心して死ねないらしいのだ。これこそ〈死の手前〉に横たわっている根本的な不安であり、それをうまく乗り越えることこそがスピリチュアルなニードである。Aさんはこう結論した。キリスト教徒であれ、仏教徒であれ、信仰をもたない人であれ、人生の最後のこの必要性は共有しているのだ。だから、終末期の患者さんを全人的にケアするとは、「死んだらどうなるのか」、「私の人生はどうだったのか」という根源的な問いにつきあうことを含む。ただし、患者さんは額面通りのそのことばを口にするとは限らない。不安のあまり硬直しがちな心をユーモアをもまじえてくつろがせ、相手から「違う観点」を引き出してあげる。そうして、その人がいちばん気にかけているテーマにうまく向き合うことができるように助けてあげる。Aさんと行動を共にしたソーシャルワーカーの仕事はそこにあった。考えてみれば、これこそ現代において哲学が実践するのにふさわしい援助方法なのではないか。哲学とは抽象的な理屈をこねるだけではなく、ソクラテス以来、目の前の相手とことばを交わし、相手からことばを引き出し、そのことばがほんとうに納得のいくものかどうかを共に考えてきたはずなのだから。生活上の雑多なことをかっこに入れ、人間そのもの、人生そのものを直接に語ることのできる哲学者が、ホスピス・ケアに参加し、死に行く人が心境を整えるための相手をできれば……。

反面で、Aさんと一緒に訪米したMさん（社会人院生で高校の先生）のシビアな意見にも耳を傾けてみよう。ホスピス・ケアのあり方を死に行く人の心に添って考察することもさることながら、その制度が医療経済の観点から作られていることを批判的に検討するのも必要だと、Mさんは考える。アメリカの連邦政府がホスピスを積極的に支援した大きな理由に、医療費の八〇パーセントが死亡前の一年間に消費されるという事実をふまえ、ホスピス運営によって医療費の急増を抑えることができると判断したことがあげられる。あえて単純化していえば、在宅ホスピスは、過剰と目される延命措置を切り捨て、家族に少なからぬケアの負担を負わせることによって成り立つ、「安上がり」の医療形態である。

Mさんはもう一つ、アメリカのホスピス・ケアは、「死という事実をトータルに制御しよう」とする意図で運営されているのではないかと、感想をもらしている。患者さんは自分の病気を告知され、死を落ち着いて受け入れなければならない（死の「受容」）。末期のさまざまな苦痛・苦悩をコントロールし、それまでの自分の仕事を続けて、完成し、家族の心の動揺もうまく抑えて、自分の人生に満足しながら大往生を遂げる。こんな「理想の形へと自己の死を短期間に造り変えられるプログラム」、それがホスピス・ケアなのではないか。Mさんはそう疑っているのである。

造り上げられた死？　それでもいいではないか。安らかに死ぬことができれば、本人も周囲の人も幸福だ。そんな意見も多いだろう。ただ、Mさんがそこでさらに持ち出す疑問は、ホスピス・ケアがそれほど有意義なものであるならば、なぜそれの対象が終末期の患者さんに限定されているかということである。ホスピスでは、肉体的苦痛へのケアだけではなく、社会的・経済的次元、精神的次元、さらには霊的次元にわたって、トータルなケア、全人的なケアが提供される。そのようなケアがなぜ人生最後の一時期だけに限定されるのか。ガンやエイズなどの死病だけではなく、あらゆる病を患う人々に、なぜ生涯にわたって提供されないのか。また、子供や障害者、高齢者が自律的で尊厳ある生を歩むために、長期的で総合的なケアが提供されないのか。死の直前の短期のホスピス、いわば間に合わせのホスピスではなく、全人生をカバーする長期のホスピス。それを創出することのできない私たちの社会には、大きな問題があるのではないか。Mさんはそう述べているのである。

Mさんの考えには反論も向けられるだろうが、ホスピスを人間へのケアのうちで特別視しないということ、死を生から隔離せず、生をよりよいものにする社会的努力の延長線上で死につきあうということ、これは死を総合的に見る上で大切な観点であると思われるので、最後に紹介したしだいである。

「日本仏教」から見た人と動物

――「殺生肉食」と「動物供養」の問題を中心に――

中村生雄

一 「鯨法会」のこと

夭逝の童謡詩人として近年人気の高い金子みすゞ(1)の詩のうちでももっとも有名な「大漁」には、鰯の弔いが次のように歌われている。

朝焼け小焼けだ／大漁だ／おおば鰯の／大漁だ
浜は祭りの／ようだけど／海のなかでは／何万の／鰯のとむらい／するだろう

また、おなじ詩人の「鯨法会」では、

鯨法会は春の暮れ／海にとびうおとれるころ
浜のお寺で鳴る鐘が／ゆれて水面をわたるとき
村の漁師が羽織着て／浜のお寺へ急ぐとき
沖で鯨の子がひとり／その鳴る鐘を聴きながら
死んだ父さま母さまを／恋し恋しと泣いてます

とあって、鯨位牌と鯨墓の現存することでも知られる山口県長門市仙崎の向岸寺（浄土宗）における鯨供養の情景が、ノスタルジックに想起されている。いずれの詩においても、日々の漁の獲物となって浜の暮らしをささえている鰯や鯨といった生きものを擬人化し、それらの死を人間同然に悼む心情が素直に歌われていると言ってよかろう。

ちなみに、同地の鯨法会《くじらほうえ》は現在も毎年四月二十八日～五月二日に実施されているという。またその鯨墓には、「業尽有情、雖放不生、故宿人天、同証仏果」の、いわゆる「諏訪の勘文（神文）」が刻まれていて、狩猟の獲物が諏訪明神の神徳によってついには成仏にいたるとの中世諏訪信仰の観念が、西日本の漁民のあいだにも受容されていったように見えて興味深い。

念のため付記しておくなら、ここに引かれる「諏訪の勘文」とは、諏訪の神が自分にそなえられる鹿・猪や魚鳥の贄について、それらの生きものは決して殺生の犠牲になるのではなくて、贄として明神の神前に列し、ひいてはそれを直会で食する人間の功徳に助けられ、ついには畜生の境涯を脱し成仏にいたると予告する内容である。こうした諏訪明神の神託が『諏訪縁起』を通じてひろく知られるに及んで、諏訪明神にたいする狩猟者たちの信仰はあまねく全国におよび、口伝えながら当の勘文は狩場で猟師がみずからの殺生の罪を消し去るべく唱える呪文として活用されていったのである。(2)

しかし、そのおなじ勘文が当地の鯨墓に刻まれるまでになったからといって、ただちに狩猟信仰としての諏訪信仰が西国の漁民のあいだにまで浸透していったと速断するのは当を得ていないだろう。おそらくここでの事例は、「諏訪の勘文」を神祇関連の知識として習得した近世期の当山の僧侶の一人が、鯨墓建立に際しての相応の論拠として苦しまぎれのうちに持ち出したものだというのが真相に近いように思う。なぜならこのことは、逆に、鯨を供養の対象としたり、彼らに成仏の資格を認めたりするような文言上の証拠が、正規の仏典のうちに見出せなかったことを裏書きしているからである。とはいえ、仏寺が立てる墓に経文ではなく東国の神の神託が刻まれているという事実は、やはり軽々に見過ごすべきではない。

二　仏教受容と「不殺生」観念

さて、日本における「不殺生」観念の受容という問題を考えるうえでは、たとえば『梵網経』巻下に、

「若（なんじ）仏子、慈心を以ての故に放生の業を行ずべし。応に是念を作（な）すべし。一切の男子は是れ我父、一切の女人は是れ我母、我れ生々に是に従つて受生せざること無し。故に六

道の衆生は皆是れ我父母なり。而るを殺し而も食せば、即ち我父母を殺し亦我故身を殺すなり。」(3)

とあることや、行基菩薩の歌と言われてきた、

「山鳥のほろほろと鳴く声聞けば父かとぞ思ふ母かとぞ思ふ」(『玉葉和歌集』巻十九「釈教歌」)

の古歌に見られるように、山野河海の生きものは我が父母の生まれ変わりであるかもしれないがゆえに殺すべからず、という説明づけが大きな効果を発揮してきたように思える。そうした語りくちは、『日本霊異記』をはじめとする説話集で、前世の悪業の報いで牛馬などに転生して苦しんでいる父や母のために供養を行なう話としても、多くの人の知るところだったろう。

ただし『日本霊異記』の説話のほうは、仏教的輪廻説の字面だけの受容という性格が強かったためであろうか、転生先の動物が牛馬といった家畜になっていることが多い。しかし、日本での輪廻転生譚のその後の展開としては、牛馬などの家畜に生まれ変わるというパターンはきわめて稀であり、山野河海の動物に転生することさえそれほど多くはなくなり、人間はあくまで人間にしか生まれ変わらないというのがこの国の転生イメージの大勢として定着していくことになる。つまり、仏教的もしくはインド的な六道輪廻の観念がそのままのかたちで日本社会に受容された、とはとても言いがたいの

である。

それはさておき、神話時代にかぎらず古代・中世の日本においても、動物と人間との境界は、輪廻思想の直接間接の影響もあったためか、きわめて不分明なものであった。そうした状況は、三輪山式の神人通婚譚の世俗版と言っていい各種の異類婚姻説話や、それを背景に語られる動物始祖伝承の数々などを念頭に思い浮かべれば、容易に納得がいく。そこでは、神と人と動物はゆるやかに接続し、相互に乗り入れ可能な存在としてイメージされていたと言えるだろう。ただし、今しがた述べたとおり、生まれ変わりという現象にかぎって言えば、人が動物に生まれ変わるということにたいする信憑度は極度にさがっていくのが日本での趨勢であるから、そこでの人と動物の連続性の意識と仏教的な輪廻思想は一応切り離して考えるのが妥当だろう。

　とはいえ、このような人と動物の連続性についてのイメージは伝承や信仰の次元にかぎったことではなく、現実の世界にも直接間接に影響を及ぼさずにはおかないものであった。たとえば生業レベルの問題としては、後代になっても列島上では牧畜というシステマティックな動物管理技術がほとんど発達しなかったこと、また儀礼や習俗のレベルでは、儒教の「釈奠」において犠牲（イケニヘ）とされるべき牛・羊・豕の「三牲」が平安以降、鹿や猪に置き換えられ、さらにくだると穀物の神饌へと変化していったこと[4]、あるいは中国歴代王朝の宦官制度を朝鮮半島の場合とは異なって明確に拒絶したこと、などのトピックは、そうした動物観と決して無関係な現象ではないはずである。ちなみに最後にあげた宦官という人間に適応される去勢技術は、家畜群の生殖過程にたいする人為的介入としての去勢技術の蓄積なしには成立しえない制度だからである(5)。

すなわち、神との関係はさておくとしても、動物と人間との連続性、相互乗り入れ可能な関係が意識されればされるほど、それを殺害したり、食用に供したりすることにたいする忌避と自責の感情は大きくなっていくだろうということであり、またそれに応じて、動物の身体、ひいては人間の身体を加工し、操作するのをためらう気持ちも強まっていったにちがいないということである。土着的な動物観と仏教的な不殺生の観念が、そこでは相互に影響し合い、独自の「人／動物」関係をイメージさせるようになったと言えるだろう。

ところが、おもしろいことに、そのような動物と人間の連続性についての意識が、「一切衆生悉有仏性」や「草木国土悉皆成仏」という例の天台本覚論的な万物平等観を根づかせていったと思われる反面、おなじ本覚論的思想が、実践レベルにおいては「善悪不二」なるテーゼを字義どおりに受け入れさせる状況をつくりだし、仏教本来の「不殺生」観念を逆転してそれとは正反対の「殺生善根論」をさえ生み出すことにもなった(6)。よく知られているように、「悪人正機」を掲げる専修念仏者の反戒律的な主張が、後述のとおり「肉食妻帯」を積極的に行なうばかりか、そうした「悪行」をひけらかす「本願誇り」の風潮を生み出すことにもなったごとくである。主流の観念やイデオロギーは、その周辺部に必然的に対抗的な観念とそれに依拠する集団を形成させずにはおかないのであったが、そうした歴史的経過の一面については、のちほどあらためて言及するはずである。

三　「供犠」と「供養」のあいだ

ところで、前節で述べたように、人間と動物との差異を極小化していくような観念が主流となっていけば、それに応じて狩猟や漁撈の獲物となる生きものの生命を奪うことも、当然、種をおなじくする人の生命を奪うことと類比的にとらえられ、断罪されていくほかない。言い換えれば、そこでは新たに、動物殺しにともなって生じる罪責感情にどう対処するかという難問が浮上するのであった。

すでに別稿で述べたことだが、日本ではとりわけ近世以降、そのような動物殺しの罪責感を軽減する宗教上の装置として、「動物供養」が積極的に導入されることになった。そこでは、主として狩猟・漁撈の獲物となる動物たちが、人間の死者供養に準じて供養の対象となっていったのである。

一方、遊牧・牧畜社会では、共同体の富の源泉である家畜を殺し、それを食用ほかの共同体成員の生存のための資源として利用する場合、そこで生じる動物殺しの罪責感は「動物供犠」の儀礼によって解消するのが原則となっている。単純化して言えば、そこでは共同体の財である家畜のうちから特別に貴重な個体を選び出し、それを祭祀の場で神にささげるべく血を流して屠ることにより、それ以外の自分たちの日常的な動物殺しを神によって是認された行為と見なすのである。そうした動物供犠の祀りは、古代ユダヤ教やバラモン教、あるいはその他の未開宗教の多様なイケニへ儀礼として、あまねく地球上に存在している。

しかし、上記のように「動物供養」が一般化した日本の社会では、それら「供犠の文化」における動物殺しの罪責感の解消方法とは別個の方法が採用されているのであり、それを「供犠の文化」に対照させて「供養の文化」と呼んでみたらどうかというのが、私の当面のアイデアである。(7)

ところで、「供養」とはもとより仏教思想に由来する観念であって、辞書的には、「仏・法・僧の三宝や父母・師長・亡者などに香華・灯明・飲食・資材などを捧げること」(岩波仏教辞典)とされ、それに由来する「経供養」「鐘供養」「千僧供養」などの、いわば正統的な供養のための法会が日本仏教の歴史のうちにも散見するのは知られるとおりである。ちなみに、こうした「供養 pūjā」は、不殺生を強調する初期仏教教団が、バラモン教の動物を犠牲にする「供犠 yajña」に対抗してつくった儀礼形式だと解されている。したがって、その発生の当初にさかのぼって言っても、「供養」は「供犠」という動物殺しをともなう儀礼形式に対抗して構成された、流血と殺害を回避する祀りのスタイルだということになる。

ところが、日本においてはこのような「供養」の原義からはなはだしく逸脱して、通常「供養」と言えばもっぱら「追善供養」として、死者を対象とするものに限定されていくことになったのは周知のことだ。それが、葬式仏教と揶揄されて日本仏教の「堕落」の元凶だと指弾されることもしばしばであったが、そのことは当面の関心事ではない。

注目すべきことは、先述のとおり、人間にたいする追善供養の形式がいつしか動物にも流用されて、冒頭のみすずの詩にもあるような「鯨法会」のごとき儀礼形式、および、それにともなって生まれた動物たちの死後の鎮魂や成仏にかかわる観念が形成されていったことである。それらは、鯨供養・いるか供養だけでなく、たとえば馬頭観音像の建立によって斃れた馬の冥福を祈り、また往来の馬の安全を祈願する信仰、難産で死んだ犬の供養と自分の安産を祈って犬卒塔婆を立てる犬供養の習俗など、民俗宗教化した行事としても幅広く存在している。また虫、鳥、魚を対象とする供養の事例も少なくない。

さらに、これら動物を対象に行なわれる供養のほか、淡島神社や法輪寺に伝わる行事として著名な針供養、あるいは人形供養・筆供養・箸供養・茶筅供養などなど、種々の生活用具（「もの」）にたいする供養も枚挙のいとまがないほどに多い。

あるいは、これらの「もの供養」ほど広範に存在しているわけではないが、ほかにもたとえば山形県米沢市あたりに散在する草木供養塔なども注目すべき現象であり、結局この国の「供養の文化」は、人間にはじまって動物・植物におよぶだけでなく、さらには無生物の「もの」万般にまでその範囲を拡大することになっていったのである。だとすると、現代の「水子供養」の隆盛という現象なども、人工妊娠中絶をめぐる社会的な対応や現代人の霊魂観の問題としてだけでなく、もう少し通時的な

「供養の文化」のコンテクストに沿って検討しなおされることが必要かもしれない。また忘れてならないのは、こうした供養にまつわる心性が決して過去からの伝統的な観念として生き延びているというのでなく、現代においても新たな形式において再生産されているということだ。

たとえば、明暦の大火における横死者の回向から始まった両国回向院が、そののち動物供養にも積極的に乗りだしたという特殊な前例はあるものの、現代では格式ある寺院から新興寺院まで足並みをそろえて、「ペット供養」を売りものに新しい顧客を募る寺が各地に出現している。また、公営・民営を問わず食肉精肉用に牛や豚などを屠殺解体する施設においては、畜魂祭と呼んで供養・慰霊の祀りが主に神官を招いて催される慣行があること、地方自治体の動物園が春秋の彼岸などに園内に建立されている鳥獣魂碑の前で飼育中に死んだ動物の慰霊祭を実行すること、はたまた大学病院やそれに付属する動物実験施設がマウスやイヌなどの実験動物の供養を公式行事として挙行することなど、さまざまな公的・準公的な機関が形態は多様ながら当然の任務として「動物供養」を公式スケジュールのうちに組み入れているのである。

さらに一段と異色の「動物供養」としては、現在も靖国神社で行なわれている軍馬供養や軍犬・軍鳩の供養があげられる。それらは、戦没軍馬慰霊像奉献協賛会などという名をもつ旧軍関係者の団体が主催するのがふつうのようだが、行事そのものには中央競馬会や現在の自衛隊関係者も参列するということであり、これが決して過去の供養祭の形式的な反復というにとどまらず、新たな「動物供養」観念の醸成でもあることに注目すべきだろう。

また、先には供養の対象が動物にとどまらず無生物の「もの」にまで拡大する民俗宗教レベルの供養の例を列挙したが、今ではれっきとした大寺院がそうした「もの供養」に参入していると言ってい い。たとえば芝・増上寺の境内では、有名なY美容学校の創設者が願主となって「聖鋏観音」の像が建立され、毎年「ハサミの日」とされた八月三日に、美容師などが使った古いハサミを塚に納め、ハサミ供養の法要が厳修される。これなど、浄土宗の教義からいってむろん説明のつくものではないし、聖鋏観音という儀軌にもとづかない新形式の菩薩像建立も、格式の高い名刹での例だけに首をかしげたくなる。

いずれにせよ、そうした「動物供養」から「もの供養」までの伝統とそれにまつわる観念を再検討することは、これまで日本仏教の特質とされてきた「祖先供養」の背景を洗いなおし、合わせてそこから、日本仏教が人と自然の関係のありようについてどのような理解をもつにいたったかを明らかにするために不可欠の作業であろう。

四 「人／動物」関係の転換

見てきたように、日本における「供養」は仏教の観念に源をもちながらも、そこに特有の解釈と変更を加え、本来の仏教におけるそれとは似て非なる宗教的慣行を生み出し、徐々に社会的に認知されてきたように思われる。とくにその「供養」の対象が人間から動物へ、さらには無生物の「もの」にまで拡大されるに及んで、「供養の文化」は行き着くところまで行き着いた感がある。しかも、そこで醸成された擬似宗教的とでも呼ぶべき感性は、滅びゆく過去の遺習であるどころか、「自然ブーム」、「癒し志向」の現代人の欲望にうまく見合い、これからますますうけに入る気配さえあるのである。

しかし、すでに一言しておいたように、人間と動物の連続性が意識されるなかで定着していった「動物供養」の観念とその制度は、ただちに「人／動物」関係の現実を変化させ、人と動物の平和共存をもたらしたわけではない。むしろ、事態は逆であったと考えたほうがよかろう。なぜなら、動物を人間の死者と同様に供養の対象とし、手厚く弔うことが、逆に各種の動物利用の行為を正当化し、本来それにともなうはずの罪責感を無化することに力を貸した面も否定しがたいからである。前述のように、中世以降の全国の狩猟者のあいだで、狩りにともなう動物の殺生が諏訪明神の神徳によって免罪されるとの信仰が絶大な支持を得ていったことは、それを裏書きしている。

したがって、「動物供養」の制度化と普及とは、狩猟者の諏訪信仰というような限定された領域での特殊な現象とは異なり、さまざまな生業の現場に即した民俗宗教的な儀礼によって、あるいは寺院や神社における公認の宗教儀礼によって、一挙にその影響範囲を拡大させていくものであった。もちろんその歴史的な経緯の詳細については今後の検討を待たねばならないが、思想史的に大まかな素描をするなら、以下のようなことが言えるだろう。

すなわち、中世の諏訪信仰が本地垂迹説を巧妙に利用して、神にそなえられる動物の贄が最後には本地仏の広大な慈悲につつまれ成仏にいたるとの畜生成仏思想を提示したとするなら、それに先だって平安後期の浄土教思想は、たとえば「殺生肉食」などの反仏教的でかつ穢れにみちた行為に手をそめるものであっても、念仏さえ称えれば阿弥陀仏が浄土往生を保証してくれるとの教え(8)で武士や非農業民の支持をかちえていった。また『沙石集』や『古今著聞集』(9)といった中世の仏教説話集が、賀茂や伊勢の贄となる鮒や蛤に出離の可能性を認める話を収録していることにもうかがわれるように、中世の宗教世界はこうした浄土教的、ことに専修念仏的な脱戒律と悪人往生思想の流れを前提にし、それを本地垂迹説による神と仏の親縁性という理念とリンクさせつつ新たな段階を画していったと言えよう。

つまり、絶大な救済力をもった仏・菩薩の垂迹として自己を定位することによって、土着的で周辺的な神々が新たな救済の主体として再生し、活性化していったのである。その場合とりわけ関心をそそられるのは、諏訪信仰の例に見られるように、神前にそなえられる神の贄の運命に即して展開された救済説が、新しい「人／動物」関係を予見させることになったという点であろう。

というのは、古代社会においては祝詞などに頻出する「毛の和物《にこもの》・毛の荒物」「鰭《はた》の広物・鰭の狭物」、すなわち山の獲物・海の獲物が、贄として天皇家に貢納されると同時に、また神々の祀りのための御饌《みけ》となるのが基本であった。そこで獲られ殺される山野河海の生きものたちは、第一義的には民びとの生存のための資源であったが、そうした生産活動を公認し保証するものとして、政治的には贄の貢納という収税システムがあり、信仰的には御饌による神の祀りがあったと言えるだろう。そして、そのさい注意を要するのは、そこでの「人／動物」関係が、もっぱら人の側からしか意味づけられていなかったということである。動物は食用ほかの消費の対象として、在地の生活の用に供され、またその消費行為を儀礼的象徴的に正当化するために、贄とされ、御饌とされたにすぎない。

だが、諏訪信仰を初めとする中世の神仏習合状況のなかで形成された動物イメージは、それとは明らかに異質の場所に位置づいてくる。それらはたんに消費と儀礼の対象ではなく、端的に成仏の主体としての顔をそなえてくるのである。そして、個々の動物がそのような仏教的な世界観のなかで主体の位置を獲得するうえで、先述したような輪廻思想の影響も決して小さくはなかったのであろう。

なるほど、すでに述べたように日本では神話の時代から人間と動物とはゆるやかに接続し、相互に乗り入れ可能なあいだがらとしてイメージされてはいた。しかし、その関係はいわば神話的で直感的な関係にすぎなかったと言える。

ところが、そこへ輪廻の観念が外来の新思想として接ぎ木され、さらに中世諏訪信仰などが強固に打ち出した畜生成仏の思想が浸透することによって、人と動物の関係が根本的に塗り替えられることになった。そうであれば、折りから隆盛する天台本覚論的な「一切衆生悉有仏性」「草木国土悉皆成仏」の理念も、一面ではこのような「人／動物」関係の大幅な転換が下地となって初めて一般性を保持しえたものだと言うこともできる。すなわち、本覚論的な「人／動物」の不二一体的な理解とそれにもとづいて展開される神仏習合的な実践のなかで、人と動物はともに、苦しみにみちた穢土を脱し、彼岸の浄土を志向する存在として同一地平にあると了解されていったのである。

もとよりそれは、人間と動物の平和共存関係を実現しはしなかった。むしろ歴史的な経過としては、反対に、人が動物を恒常的に捕獲し利用することを肯定する宗教上の観念と儀礼を形成することになった。

近世社会が普及させた「動物供養」にまつわる観念と儀礼群の前史は、私の見るところ、あらまし以上のようである。

なお、念のため付け加えておけば、こうした問題を考える場合、狩猟民・漁撈民などの「山の民」「川の民」にたいする、貴族や稲作農耕民ら「里人」側からする賤視と差別の歴史をどう扱うかという課題がつねにつきまとってくるが、小論ではそれに直接ふれることはしない。

五　真宗教団の「殺生肉食」論

ここまで、日本における人と自然、とりわけ人と動物とがどのような関係をとりむすんできたかを明らかにするために、在来の神話的表象や神祇観念におけるそれと外来の仏教理論、なかんずくその不殺生思想の受容と展開に着目して、重要と思われるいくつかのトピックを概観してきた。

そこで明らかになったことを繰り返せば、人と動物とが異質な存在であるというよりもむしろたがいに連続した存在であるという見方が、仏教以前の土着的観念としても明確に存在していたということ、ただし、仏教的な輪廻思想や不殺生戒を筆頭とする戒律遵守の道徳意識が影響力を増大させていくにつれて、生きものの生命を断つ殺生の所業が宗教上の悪として忌避され断罪されていくようになったということである。それは言い換えれば、殺生罪業観念の社会各層への浸透ということであり、またそれと表裏一体の関係として、それらの所業を避けえない人びとにたいする社会的・宗教的な賤視と差別が強化され実体化されていくことでもあった。

とはいっても、事態が必ずしもそれほど単線的でなかったことがむしろ重要であって、既述のとおり、言わば顕密仏教的な表向きルートとは別に、それとは対抗的な流れが浄土系仏教、とりわけ専修念仏教団による脱戒律の在俗主義と悪人正機思想によって準備されていたことに留意する必要がある。

そうした動きを予告するものとして、たとえば『歎異抄』が、

「海・河にあみをひき釣りをして世をわたるものも、野山にししを狩り鳥をとりて命をつぐともがらも、商いをし田畠をつくりて過ぐる人も、ただおなじことなり。」(10)

と述べることで、農民・商人の日々の生業が狩猟・漁撈の民の殺生行為と同列の罪深いものであるとし、ほかならぬ阿弥陀仏の救済はそれら悪人にこそ向けられているとする例をあげることができるだろう。

また、そのようにして殺生の罪業を己れのなりわいとして引き受けざるをえないものを、親鸞じしんは『唯信抄文意』において「屠沽《とこ》の下類」と名づけ、その意味を、

「屠はよろづの生きたるものを殺し屠るものなり、これは猟師といふものなり。沽はよろづのものを売り買ふものなり、これは商人なり。これらを下類といふなり。（中略）猟師・商人さまざまのものは、みな石・瓦・礫のごとくなるわれらなり。(11)」

と解説している。すなわち、「石・瓦・礫」に比されるごとき卑小で無価値な存在であることにおいて、誰あろう自分もまさしく「屠沽の下類」にほかならないと、親鸞は明言したのであった。

しかし、そのように親鸞がみずからの周縁性・悪人性を積極的に肯定し、それを狩猟・漁撈における殺生の業と異ならないとする立場は、顕密諸宗の側からすればもとより異端的言辞以外のなにものでもなかった。そして、親鸞とその後継者らのそのような異端的自己規定は、実際のところ中世のあいだじゅう一貫して変わることがなかったのである。そのことは、十五世紀になって真宗教団を一挙

に巨大化させた中興の祖・蓮如が、自派の社会的な位置を表明するにあたって、次のように親鸞のことばをほとんどそのまま繰り返しているところからも察せられる。

「ただあきなひをもし、奉公をもせよ、猟すなどりをもせよ。かかるあさましき罪業にのみ朝夕まどひぬる我らごときのいたづらものを助けんと誓ひまします阿弥陀如来の本願にてましますぞと深く信じて（後略）」（『御文』文明三年十二月十八日）(12)

蓮如においても、真宗教団の社会的基盤は「猟すなどり」という殺生を必須とするものたちを中心にしていると理解されたのであり、そういう周縁的で異端的な性格を強調することで教団組織の緊密な結束力も強化され、自派に固有の救済理論も存在意義をもちうると見たのであった。

ところが、このような真宗教団の周縁的かつ異端的な性格は、石山戦争終結後の本願寺の織豊政権への屈服、次いで余儀なくされた本願寺の東西分立、教団の政治的認知と引き換えに要請された幕府の寺社統制システムへの組み入れなどをへて、根本的な変質をとげていく。

そのプロセスを詳論するのがここでの目的ではないが、その過程で一つだけ注目しておくべきだと思うのは、近世真宗教団が他の仏教諸派にたいする対抗言説として「肉食妻帯」論を積極的に強調していったという点である。というのは、上述のごとく蓮如の時代の真宗では「猟すなどり」にともなう殺生を自己の異端性のシンボルのように積極的に掲げていたふしがあるが、近世権力の宗教統制策にがっちり組み入れられ、寺檀制によって教団基盤を保証されるなかで自派の歴史的・教義的正統性を主張していくためには、かつてのようなマージナルで異端的な自己定義は有効であるどころか、危険でさえあったからである。

たとえば、近世に確立した親鸞伝説の到達点と言っていい『高田開山親鸞聖人正統伝』（享保二年〈一七一七〉）では、「肉食妻帯」ということについて、

「夫、肉食妻帯ハ諸仏ノ通戒、釈氏ノ定制也。所以ニ天竺震旦イマタ是宗風アルコト不聞、ヒトリ我祖ノ遺弟天下ニ充満ス。王侯コレヲ貴ヒ、皇子皇孫我門ニ入ル。」(13)

と言ってその異端性・反戒律性を真っ向から否定し、逆にそのような「諸仏ノ通戒」、「釈氏ノ定制」を正確に理解し実践した我が宗門こそが、現下のごとき繁栄を手にすることになったと自讃するにいたっている。

そして重要なことは、その勢いを駆って「肉食妻帯」のうちの「妻帯」が、宗祖親鸞二十九歳の六角堂での夢告という、宗門人と門徒にとってもっとも熟知された親鸞の信仰閲歴上のエポックと関係づけて解説されていることである。すなわち、建仁元年（一二〇一）の六角堂参籠の折り救世観音か

ら親鸞が授けられたといういわゆる「行者宿報偈」は、明治以降になって自明のごとくに言われている「性欲」をめぐっての宗祖の宗教的煩悶を告げるものなどではなく、その年の秋に九条兼実が法然に申し入れて実現した、兼実の娘・玉日と親鸞との結婚を予告するものだと説明されるのである。

すなわち、法然の専修念仏の教えでは、念仏を称えるならば出家であると在家であるとを問わずに阿弥陀仏の浄土に往生できると聞いているが、もしそれがまことのことであれば、法然の門下のうち、「一生不犯ノ僧ヲ一人給テ妻帯トナシ、在家往生ノ亀鑑ニ備ヘンコト如何」との申し出が兼実からあって、これを受けて法然が親鸞に「妻帯」を命じたとするものである。こうして、「是時ヨリ祖師始テ受妻ノ身トナリタマヘリ」と説明する『正統伝』の立場は、親鸞の「妻帯」が決して異端性や悪人性の結果などではなく、高度に宗教的な自己犠牲の精神にもとづく行為であったと揚言するものであった。

このことからも想像されるように、真宗教団が他派と異なって「持妻食肉」を是認している現状については従前のとおり厳しい非難が浴びせられていたのだが、そうした非難にたいする弁明はすでに近世初頭から種々に試みられていたのである。

たとえば寛永三年（一六二六）刊行の著者未詳『親鸞宗儀群談弁惑』(14)では、『涅槃経』などを典拠に仏教では本来「三種浄肉」の考えにもとづく肉食許容の伝統があったこと、また、安居院聖覚はじめ清水・吉野・祇園、日蓮宗中山などには「持妻」の実例が数多いし、さらには天台・真言諸山には

「男色」の所行さえ横行していると言って、自派にたいする非難が当を得ていないことを申し立てている。

こうした弁明のためのレトリックは、時代とともに内容的にも整備されていった。本願寺派・知空(享保三年〈一七一八〉没)の『肉食妻帯弁』[15]によると、殺・盗・婬・妄を禁止した仏の教えに反して「肉食妻帯」する親鸞の一流が日本の三分の二を占めるほどに繁栄し、本願寺が天皇の勅願所となるなどの栄誉を麗々しく述べたうえで、宗祖による肉食妻帯の宗旨建立の義を、「類例」「証拠」「道理」の三項目に分けて詳論している。

ここではその細目に立ち入らず、『正統伝』と同様、親鸞の「妻帯」の理由を玉日伝説にもとめる同書が、そこに一段の工夫をこらしていることを指摘しておこう。すなわち、知空の言うところによれば、宗祖親鸞の肉食妻帯は衆生済度のためのものであって、具体的には兼実が法然に弟子の一人を、「在家同事ノ身ニナリテ往生ノ先達ニ成リタマヘ」と要請したことにもとづくのであり、したがってその内容も、「観音ガ自ラ相手ニ成リテ、一切衆生ヲミナ導キテ、浄土ヘ帰ルトアル約束ナレバ、当流ノ肉食妻帯ハ常大体ノコト、ハ違フ」として、自派の救済論の特権的立場を強調する。見逃せないのは、それに加えて、宗祖の妻帯という出来事は勢至菩薩の化身である法然と阿弥陀如来の化身である親鸞との冥約であったと主張していることである。ことは法然・親鸞という師弟間の黙契であったというより、彼らの本地たる仏・菩薩の聖なる世界に由来する出来事だったというわけだ。[16]

また知空は、末法の世では己れの機に相応して生死を出離するがよく、そのためには念仏にしくはないとし、その点、真宗の「肉食妻帯」は「慚愧の徳」のそなわったもの、すなわち、「肉食」とは「浄肉」を食べること、「妻帯」は「一人ノ妻」に満足することだと述べて、その罪状のつつましさを逆に誇っている。そのうえで彼は、どんな悪事をなしても往生がかなうとするような「本願誇り」は当流にはそもそも無縁だとして、

「我ガ宗門ハ在家同様チャト云テ、我儘ニスルナラハ、其咎ハ許サレヌ。依テ悪ト云タラハ小悪タリトモ恐レ、善ト云タラ小善ヲモ修シタガヨシ。サレハ人間トシテ一通リノ人間ノ道ヲ守ラスハ何ントセウ」

と「衆善奉行」「諸悪莫作」を奨励し、

「或ハ責子《セコ》ニヤトハレテ鷹野ニ出タリ、或ハ釣竿ヲカタゲタリ、網ヲ引タリナトスルハ言語道断ナリ」

と言って、殺生にむすびつく「猟すなどり」をあからさまに否定する挙に出るのである。「屠沽の下

類」の名で親鸞や蓮如が意図していたものは、ここにはその片鱗すらない。

　ただ、知空のために少し弁明しておくなら、彼がそれにつづけて、「此近年御触出ノ御条目」（「生類憐れみの令」）には「随分嗜ムヘキコト」があると書いていることから推測できるように、これが綱吉の異様な宗教政策に対応するための、教団としてのやむを得ざる緊急避難だったという面も否定しがたい。

　とはいえ、近世全般を通じた真宗教団の自己認識の方向性として考えるなら、「肉食妻帯」というかつて顕密諸派が真宗の異端性・悪人性を非難するために使用したキーワードを巧みに利用し、そうしたネガティヴな表現を宗祖親鸞の結婚にまつわる聖なる物語として再構成することで、その宗教的パラドックスこそが真宗固有の意義と救済の確かさを保証していると主張する戦略が明らかである。当然そういう趨勢のもとでは、具体的な日々の生業として「猟すなどり」の殺生をつづける門徒群は、視野の外に置かれるほかない。

　最後にその適例を一つだけあげておくとすれば、やはり本願寺派の仰誓（寛政六年〈一七九四〉没）があらわした『持妻食肉弁惑編』(17)では、祖師聖人の「肉食妻帯」は「澆末ノ劣機」を導くためで、それは月輪禅閤兼実の「在家出家ノ差別ナク本願ニ乗シテ往生スルコトイツハリナラスハ、上足ノ御弟子一人ヲ吾婿ニ賜レ」との申し出に応じたものという常套の説明がまず行なわれる。そしてそれゆえに親鸞は、世人の謗りにもかかわらず外に「至愚」の相をあらわし、身を田夫野叟の類にひとしくし、ひとえに大悲によって凡夫往生の先導となったと説くが、それに加えて、享保年中にはわが法王が「十一条ノ制法」をしめし、宗門僧侶の放逸をいましめ、たとい俗輩誘引のためとはいえ漁猟の遊びに交るべからず、とさとした事実をあげて、幕府の宗教統制を率先して励行する本願寺門主の威光のもとに、「衆善奉行」「諸悪莫作」を内容とする通仏教的な徳目の励行が厳命されていくのである。いわばここで、近世真宗教団の「屠沽の下類」離れが完成したのだ。

こうして、真宗教団はその近世的教学形成を通じて、自派がかつてもっていた中世的な異端性・悪人性の契機をほとんど消し去ったというしかないが、真宗教団の周辺部においてまでその種の伝統的な観念や習俗がことごとく払拭されてしまったというわけでもなかった。そこで最後に、そうした一例として現在まで浅草報恩寺に伝わる「俎《まないた》開き」行事を例にして、そこに垣間見える「人／動物」関係の特徴を点検しておくことにしたい。

六　報恩寺の「俎開き」

組板へ千人程の人だかり

こう川柳にも歌われたほど、近世の江戸の住人にとって浅草田原町の報恩寺で行なわれる「俎開き」の行事はよく知られたものであったらしい。正月の江戸風物詩として多数の参詣者をあつめたのはもちろんのこと、不殺生をたてまえとする仏教寺院で鯉が俎のうえで切り割かれ、調理されたうえで善男善女に振る舞われるというユニークさが、物見高い江戸ッ子らの耳目をそばだたせたろうことは想像にかたくない。

この行事は、現在でも報恩寺で例年正月十二日に、当山の開基である性信の木像のまえで、四条流の庖丁儀式によって盛大に行なわれることで有名である。ちなみに現在、寺がこの行事のさいに参会者に配布する「鯉料理の由来」というパンフレットには、親鸞とその弟子・性信とのあいだがらについての簡単な説明、および後述のような性信と天神にまつわる興味深い伝説を紹介したあと、次のようにむすんでいる。

「縁起に記したように、毎年正月十一日には飯沼の天神社から届けられた鯉を、下総の報恩寺（当山の元あったところ）の開基上人の影前に供え、ついで東上野の報恩寺へ送られる。東京・報恩寺では十二日午前十時頃から、開基の影前で、厳かに古式にのっとって鯉料理規式が執り行われる。この規式は元来神の方の祭事で寺院ではこのような規式の行われるのは珍らしいとされている。江戸歳事《ママ》記には社寺の年中行事の一つとして昔から有名になっている。報恩寺の俎（まないた）開きと云っているのはこれである。」（傍点、引用者）

ここでの説明のしかたからも読みとれるように、この伝承が報恩寺を開創した性信にかんするきわめて重要なエピソードでありながら、そこに由来する行事の内容が仏教寺院にはそぐわないものであることへの少なからぬ「困惑」が、当寺には存在している。というのも、少なくとも近代においては、たとい魚類であろうとそれを開基上人の像前にそなえることが「殺生」の禁を侵すものであることは自明のことと観念されていたからである。

ちなみに、真宗の初期関東教団を代表する横曽根門徒の領袖であり、報恩寺の開基でもあった性信は、親鸞の直弟中でももっとも重要なメンバーの一人であり、数多くの親鸞書簡にもしばしばその名が登場してくる人物である。とりわけ鎌倉での念仏停止の訴訟に対抗するための性信の尽瘁《じんすい》は特筆すべきものであったと思われ、そのことは親鸞が消息のはしばしで縷々述べていることでよく知られるところだ。それと並んで、性信が親鸞自筆の『教行信証』草稿本を託され、それが今日まで坂東本『教行信証』(国宝)として報恩寺に伝来してきたことも言うまでもない。

以下の紙幅では、生きものを神前にそなえる贄祀りの形式が、開基・性信を神に見たてて関東随一の真宗の古刹に伝わっているという貴重な事実を手がかりとして、日本の仏教が祭祀を通じてどのような自然認識を表明し、とりわけそのなかで「殺生肉食」の問題がどのように処理されていたかについてすこしばかり考えておきたい。そしてそれは、このパンフレットに示唆されているような寺院側の「困惑」の由って来たる所以を考察することと切り離せない問題でもある。

しかしそのまえに、この報恩寺が、近世期においては親鸞直弟の開基になる由緒ある寺として、「二十四輩」の筆頭に数えられていたことを指摘しておく必要がある。

まず、元禄十一年（一六九八）成立とされる『叢林集』[18]巻九では「性信御坊」の報恩寺が二十四輩の冒頭にかかげられて、他とくらべてはるかに詳細な解説が付されている。それだけ近世の真宗教団にとって、性信と彼の開基になる報恩寺の権威と知名度は群を抜くものであったことが推察できる。ちなみにこの「二十四輩」の起源にかんしては、古来、親鸞じしんの制定によるとも、如信（親鸞の孫）あるいは覚如（親鸞の曾孫）の制定によるとも、さまざまな説が行なわれてきたが、いずれにせよもともとは親鸞の主要な門弟「二十余輩」[19]をさしたものが、近世になるとむしろ真宗の有力寺院二十四か寺の寺格をしめす用語として人口に膾炙《かいしゃ》していくことになったようだ。

さて、この『叢林集』が性信と報恩寺の「俎開き」行事の由来について記すところのあらましは、ほぼ以下のようである。

性信御坊の開いた報恩寺はもと下総国豊田庄横曽根にあったが、現在は江戸に移っている。性信その人は常陸鹿島の生まれで大中臣氏の出、幼いころは悪五郎、のち与四郎を名乗り、大力の人であった。元久元年（一二〇四）、十八歳のとき、熊野参詣の帰途親鸞に拝謁し、悔い改めて弟子となり、性信の名を授かった。そののち配流された親鸞にしたがって越後に赴き、つづいて下総飯沼（現在の茨城県水海道市）に移った。やがて貞永元年（一二三二）のこと、当地の大生天神が化現し、御手洗川の鯉二尾を性信に奉るよう神託を下すことがあった。これを受けて性信は、その返報として鏡餅二面を天神に献じたが、爾来、鯉をもって天神が性信への深い帰依をしめし、性信も餅でもって天神の行為を謝した出来事が祭礼となって今日まで怠ることなくつづけられているとする。

また、これよりくだって玄智の『大谷本願寺通紀』[20]巻七（天明年間成立）では、「諸弟略伝」の筆頭に性信の項があり、そこでは、吉水で親鸞の弟子となってより性信は師に昵近して諸処に随行すること久しく、やがて親鸞から関東教化の任を託され、下総は横曽根にとどまって報恩寺の開基となったとされている。こう記したあと、『大谷本願寺通紀』はすぐにつづけて、彼にまつわるもっとも著名な奇瑞の一つとして次のような出来事を紹介する。

それによると、報恩寺のかたわらには威徳天神の祠があって、ある年の十一月七日にここの天神が老翁と化して性信の説法を聞くことになった。そして、彼の説法を聞いた天神は歓喜のあまり弟子となることを約したばかりでなく、師恩に謝すため翌年の正月十日、巫祝を神がかりさせて天神社の池に棲む鯉を性信のもとに贈った。すると性信もまた、返礼に鏡餅二枚を天神に贈ったとするのである。

次いで、近世真宗の聖地巡礼のガイドブックともいうべき『二十四輩順拝図会』[21]（享和三年〈一八〇三〉刊）になると、性信についての解説記事も一段と豊富になり、それとともに先述の天神による奇瑞譚もいっそう詳細に語られるようになる。

そのうち、まず性信の伝記的記述について概観しておけば、悪五郎と呼ばれ「心性狼戾」であった彼が熊野権現参詣の帰途、東山吉水におもむき、いかなる悪逆の徒も弥陀の本願によって浄土往生がかなうとの法然の教えを聴聞して弟子入りを申し出るが、すでに老年の法然は彼を親鸞の弟子とすることとし、かくして親鸞から性信の法名を授かった。これより性信はひたすら親鸞に随逐して越後の配所はもとより坂東にも付きしたがい、横曽根に寺を開いて真宗弘通に邁進することになる。やがて師の帰洛にあたっては、箱根山まで同道した性信にたいし親鸞は関東の門葉の教化を性信にゆだねるむねを告げ、そのしるしに数々の什物と抄教を性信に付属したのである。これ以後、横曽根は性信の専一な念仏弘通のゆえに数多の道俗の帰依参集するところとなり、それを喜んだ親鸞は寺号を報恩寺と定めた。寺記によるとこれは建保二年（一二一四）のことだという。ちなみに、建保二年とは親鸞が越後から坂東におもむいた年であって、報恩寺の開創が親鸞の坂東移住と踵を接して始まるとの認識がここにしめされていると見てよかろう。

さて、以上が報恩寺開基・性信の略伝のあらましだが、『二十四輩順拝図会』ではそのすぐあとに、天神と性信のあいだに生じた「奇異の事」が次のように詳しく述べられる。

それは貞永元年（一二三二）の夏のこと。性信が横曽根で昼夜にわたって他力念仏の教化につとめているとき、聞法につどう道俗にまじって衣冠うるわしき老翁が一人、諸人退散のあと性信に次のように告げた。すなわち、自分はこの沼のかたわらの生野の天神であるが、師がこの地で弥陀の本願について説法されるのを日夜聞く幸いを得て、あなたの弟子となることを決心した。その決意を申し上げるため今宵は仮に貌をあらわして来たが、今後は姿を現ぜずに詣でることにしたい。ついてはその恩を謝し、また師弟のしるしをあらわさんがため、毎年の正月に鯉を二尾献上すること千代に変わることあるべからず――そう言って、件《くだん》の老翁は姿を消した。

奇異に感じた性信は、これを誰にも語らず後日の音信を待っていたが、翌年の正月十日の夜、生野天神の社人らが不思議の霊夢をこうむったと言って性信のもとを訪れた。天神が夢で告げたところによれば、性信上人は済度利生の聖者であるゆえに自分は師弟の約をむすび、毎年の定例として鯉を二尾贈ることにしてあるので、明日、御手洗の池で鯉を獲って横曽根まで献上すべしとのこと。この夢は社人のほかに五、六人もがおなじ夢を見ており、案の定、夢想にたがわず池では長さ二尺の鯉が獲られ、告げのとおりそのまま性信の御坊に持参した次第であると言う。これを聞いた性信は、すでに天神からの約諾を得ていたことでもあり、まことに有難き天神の賜物だと感じ入り、これひとえに聖人（親鸞）の教えが末代までも広まっていくしるしに相違なく、深き神慮を思って師弟の礼を受け入れ、鯉を受納するとともに鏡餅を返礼として奉ったのである。

このような礼譲にみちた出来事を起源として、六百年のあいだ一年たりとも欠けることなく正月には御手洗の池の鯉が報恩寺まで送献されることになった。その鯉二尾は性信の木像にそなえ置いたのち、細かに切り分けて参詣の諸人に与えられる一方、返礼の鏡餅は生野で天神の壇上に七日間そなえられるのである。

こう委曲をつくして述べただけで終わらず、『順拝図会』は、伝説に曰くと称して、さらに一つの奇異の出来事について書き加える。すなわち、延宝六年（一六七八）に天神の別当寺の僧が没したあと、後住の僧が例年報恩寺に鯉を送る慣例を本寺と末寺の作法に似ているとして中止したところ、件の僧はにわかに熱病を患って譫言を言い出す始末であったため旧例に復すと、病もたちまち癒えた。同書の言うところでは、このことがあってのち、「諸人いよいよ天神の霊異高祖聖人性信上人の高徳をおそれみ、其已後献鯉の礼式を正しく相勤る事怠りなし」といった様子であり、また、かくして性信坊と報恩寺の名を一気に高めた当の礼式の内容にかんしては、

「毎年正月十六日此鯉魚を割て参詣に分つを鯉開きとも鯉割とも称して江戸中の門葉群集し争ふて割肉を受る、凡六百年の今も此礼式闕事なし、まことに類ひなき異霊、世にこぞってこれを尊ふ。」

と解説をほどこすのである。

このように、『二十四輩順拝図会』では俎開きの盛況ぶりが性信坊の「高徳」が示現せしめた「異霊」にほかならないことが喧伝される。すなわち、親鸞が関東教団の行く末を託したほどに信頼厚かった性信坊の威徳は、天神みずからが弟子となって鯉を奉納したばかりでなく、それに由来する礼式

を廃しようとした不心得者には罰を下すほどに強力な霊異をもっていると強調されるのである。

ということは反面、ここでは、「鯉開き」とも「鯉割」とも呼ぶこの礼式において「鯉魚を割て参詣に分つ」行為が仏寺としてとりたてて特異なことだとは認識されていないらしいということをも裏書きしているのであって、そのことじたい大いに注目しておかねばならないのである。

七　「神祇不拝」の裏側にあるもの

ところで、親鸞を祖と仰ぐ真宗教団が自派のオリジナリティとして高くかかげてきたスローガンが「肉食妻帯」であったことについてはすでに述べておいた。ここでは、それと好一対のようにして強調される「神祇不拝」について一言しておかねばなるまい。通説的に言えば、神仏の分離ではなく神仏の協調と融合が押しすすめられていった平安期の仏教の大勢にたいし、それを真っ向から否定したのが親鸞の「神祇不拝」の宣言だということになるが、もとより、親鸞以降の真宗教団の歴史を先入観なく眺めていくなら、その原則がその後の教団の実態に額面どおり反映していったと考えるのも非現実的な話である。

むしろ、ありていに言って「神祇不拝」は先の「肉食妻帯」の旗印よりもさらに遅れて、明治以降の真宗教学の近代化、とりわけ清沢満之ら浩々洞を拠点とする教団刷新運動のなかでの「創造された伝統」であったとしなければならない。なぜなら当時、親鸞の宗教をプロテスタンティズムの枠組みに沿って組み替え、キリスト教という大文字の宗教に対抗しうる形式と内容をそなえた「信仰のみ」の宗教として再構成するために、「神祇不拝」ほどに格好なキーワードは見当たらなかったからである。

そのような真宗教団における「神祇不拝」の実状を確認するうえでも、前節でややくわしく概観した性信と大生天神（あるいは生野天神）にまつわる伝説にしくものはないだろう。そこでは、性信の説法を聴聞してそのありがたさに感激した天神が弟子となり、そのあかしとして鯉を供物として捧呈するというのだが、ここには、古来の神仏習合の原則である「苦しむ神」のモチーフ(22)が忠実に踏襲されている。すなわち、神の身ゆえに出離の縁に遭いがたい在地の神が、得がたい仏・菩薩との機縁に恵まれて神身を離脱し、苦患をまぬかれるというストーリーである。そこでは、在地の古い神が、遠来の新しい神である仏・菩薩の超越的な救済力によって新たな宗教性を分与されることになる。したがって、性信はここではたんなる新参の念仏僧なのではなく、阿弥陀仏という超越的な威力を身に帯びた化現の存在として登場している。先に引いた『順拝図会』が「天神の霊異」と言い「高祖聖人性信上人の高徳」言って両者に最大限の称賛を行なった背景には、古代以来のそうした宗教的な文脈が存在していたと見ていいだろう。表向きそれが、神の「霊異」と開山上人の「高徳」と呼びわけられてはいても、その両者の関係を構成しているものは紛れもなく神仏の協調と連携という物語なのである。

また、ここで天神が性信に献じる鯉二尾は、威力ある新来の神を在地の神や民びとが歓待し饗応するための贄にほかならない。折口信夫によれば、常世から訪れる「まれびと神」は土地の精霊によって歌舞や飲食、はては女性の性によって歓待され饗応されるのが定法であった[23]が、天神にとって性信はまさにそうした霊異にみちた「まれびと神」にほかならなかったのである。

性信と天神にかんする伝説は、このような仏教以前の神祇信仰の枠組みで構成されたものであるゆえに、現今の報恩寺にとってあまり声を大にしては説明しにくい内容をもつものであった。とはいえ、それが先述のとおり、近世期に澎湃《ほうはい》として起こった巡礼ブームに棹さして、宗祖やその直弟にまつわる霊場として多くの参拝者を吸引したばかりでなく、そこに伝わる故事にもとづいたものめずらしい行事として多数の道俗の耳目をあつめることになったのである。

なるほどそれは、今日の真宗的な「神祇不拝」理念からすれば「困惑」の対象以外の何ものでもないのだろう。その「困惑」を暗示するかのように、現在の報恩寺「俎開き」行事は、内陣と外陣を区切る金襴の格子扉を締め切り、性信の絵像のみを外陣に据えその面前で四条流の料理人が庖丁で鯉を巧みに切り割く。皮肉な見方をするならそれはまるで、格子扉で内陣に閉じ込めた本尊や親鸞像が、この型破りの庖丁儀式とは何の関係ももたないとの寺院側の暗黙の主張であるかのようである。

そして、こうした寺院側の「困惑」の因は、じつは前段でそのあらましを概観したような、近世教団が他宗との差異化戦略の過程でつくりあげた、いわば「屠沽の下類」離れの言説群にまでさかのぼることは論をまたないところだ。

ちなみに、前近代の真宗寺院がみずからの仏事のうちから必ずしも「殺生肉食」を排していなかった例としては、宗祖親鸞の御正忌法要である報恩講の最終日に、東西本願寺がともに鯉を俎のうえで切り割いて仏前にそなえ、またそれを料理して参詣人にふるまう「俎直し」の行事が行なわれていたことにもうかがうことができる。かたや「俎開き」といい、かたや「俎直し」といって、ともに精進落しのニュアンスを込めて呼ぶようになっているものの、私見によれば、そこでの「俎」は日本の祀りにおいて贄を「生ケ乍ラ」に下ろすための必須の道具であり(24)、これらの真宗行事のうちに古来の贄祀りの記憶がとどめられていることの証拠であると思われる。

また、そもそも地方の真宗地帯の報恩講において、その料理が精進に限定されるようになったのはさほど古いことではないとされる。かつては、魚鳥はもちろん時には四足獣までもふんだんに食べることのできる厳冬の行事として、報恩講の思い出が語られることも少なくないようだ。

こうして見てくると、坂東報恩寺における「困惑」の「俎開き」が、じつは中世期における「屠沽の下類」の真宗につながるのはもとよりのこと、それをはるかにさかのぼって、古代の贄祀りの形式をさえ彷彿とさせるものであるといっても、それほど過言ではないように思える。そこには、山野河海の動物たちが日々の生業の獲物として、あるいは祀りにおける贄として、人びとの暮らしと深くむすびついていた記憶が籠められている。また、そうした人と動物のつながりに一定の形式を与え、規範化してきた神祇信仰や仏教思想の役割も、それと離れて存在したのでないことがわかる。むろんそのときの神祇信仰や仏教思想は、現在一般に理解されているような近代的合理化をへたものとは、まるでちがっていたのである。

注

（1）金子みすず（一九〇三〜一九三〇）は、山口県大津郡仙崎村（現・長門市）の生まれ。『童話』に投稿した詩が西条八十に認められ、童謡詩人として人気を博したが、没後作品が散逸し、忘れられる。八〇年代になって矢崎節夫の努力によって遺稿がまとめられ、ふたたび脚光を浴びるようになった。

（2）「諏訪の勘文」と狩猟者の諏訪信仰については、千葉徳爾の『狩猟伝承研究』風間書房、一九六九年、ほかの一連の研究を参照のこと。

（3）『国訳一切経』律部12、三四一頁。なおインド撰述の大乗経典において、近親者の生まれ変わりである可能性があるゆえに生きものの肉を食ってはならないとする観念は、『仏医経』（大正蔵17）に見られるとのことである（榎本文雄氏の教示による）。

（4）「釈奠（せきてん）」は儒教において聖人や先師を祀る礼典で、必ず動物犠牲をともなうものであった。日本でも『延喜式』などでは大学寮における釈奠の形式を定めているが、内容面での日本的な変形がいちじるしい。

（5）宦官制度と家畜の去勢との関係については、谷泰『神・人・家畜』平凡社、一九九七年、一三七頁以下、参照。

（6）「殺生善根論」の形成とその意味については、河田光夫「殺生・肉食を善とする説話の成立」、『河田光夫著作集』2、明石書店、一九九五年、参照。

（7）拙稿「『供犠の文化』と『供養の文化』」、『東北学』創刊号、作品社、一九九九年。そこで私は、己れの生存のために動物を殺さざるをえない人間が、それにともなう「罪責の思い」や「心の痛み」をどのように消去するかという観点に立って、動物を神からの賜物と理解するパターンと、殺した動物の霊を弔うパターン、などを指摘した中村禎里の仮説をヒントに考えている。

（8）『今昔物語集』巻十五所載の餌取法師の往生説話などが好例だろう。

（9）拙著『日本の神と王権』法蔵館、一九九四年、一四六頁以下、参照。

（10）佐藤正英編『新註歎異抄』朝日文庫、一九九四年、三一頁。私意により、かなを漢字に改めた個所がある。

（11）『定本親鸞聖人全集』第三巻、法蔵館、一九七六年、一六八―一六九頁。私意により、かなを漢字に改めた個所がある。

（12）『蓮如上人遺文』法蔵館、一九七二年、七二頁。私意により、かなを漢字に改めた個所がある。

（13）『真宗史料集成』第七巻、同朋舎、一九七五年、三二九―三三〇頁。

（14）『真宗全書』巻五九、三三三頁以下。

（15）『真宗全書』巻五九、二九三頁以下。

（16）拙稿「本地垂迹説と真宗信仰」、『創造の世界』92、一九九四年、で述べたように、阿弥陀一仏への絶対的な帰依を強調するかに見える真宗信仰の深層には、じつは宗祖にたいする化身信仰や本地垂迹説的な神仏観念が濃厚に息づいていた。

（17）『真宗全書』巻五九、三五二頁以下。
（18）『真宗史料集成』第四巻、同朋舎、一九八二年、所収。
（19）「二十四輩」の名称については、覚如の『改邪抄』に見える「二十余輩ノ流々ノ学者達」の語句に由来し、のち、「余」が同音の「四」に置き換わったものと考えられている。したがって、当然両者は意味するところも内容も異なっている。
（20）『真宗史料集成』第八巻、同朋舎、一九七四年、所収。
（21）同右、所収。
（22）神仏習合史における「苦しむ神」のモチーフについては、拙著『日本の神と王権』一一九頁以下、参照。
（23）拙著『折口信夫の戦後天皇論』法蔵館、一九九五年、一〇八頁以下、参照。
（24）拙稿「動物供犠の日本的形態」、拙著『祭祀と供犠』法蔵館、二〇〇一年、所収、参照。

源氏物語の生と死

伊井春樹

一　光源氏の母恋のテーマ

源氏物語五十四巻は、桐壺帝の御代から語り出され、光源氏の誕生、やがてその生涯を終えて次の世代となるまでの、天皇の治世にすると桐壺・朱雀・冷泉・今上の、四代七十五年にわたる物語で、その間に登場するのは端役も含めると五百人に近い人物が描写されていく。おびただしい人数を駆使しているものだと驚きを禁じ得ず、しかも主要な人物は一人一人個性をもって描かれており、さまざまな運命のもとに物語の展開に重要な役割を果たしていくのである。もちろん主人公は光源氏、誕生からその姿を隠す五十二年間の、まさに波瀾に富む人生を過ごし、やがて物語は続編の子どもの薫や孫の匂宮の活躍する巻々へと連接していく。

光源氏は冒頭の桐壺巻で誕生してこの世に姿を現し、物語舞台から姿を消すのが四十一巻目の幻巻、その後出家し、二、三年嵯峨院にこもっていたようだが、やがて亡くなったと伝えるので、五十六、七歳までは生きていたのであろうか。源氏物語では、幻巻以後、匂宮・紅梅・竹河の後、橋姫巻以下の宇治十帖が続き、光源氏後の物語は、新しいテーマのもとに語られていく体裁をとる。このように、源氏物語は光源氏の五十二年間が語られる物語が中心をなしているのだが、その間、実に多くの人々の生と死が繰り返される。源氏物語は、表面的には平安朝のみやびやかな世界が描かれていると見られがちであり、光源氏という類まれな貴公子が登場し、はなやかできらびやかな女性たちとの恋物語が確かに次々と展開するとはいえ、その裏面を語るように、なぜこれほどまでに人の生と死が言及されなければならないのか、奇妙にも思われてくるし、しかもなまなましい死の描写にはいささか驚かざるを得ない場合もある。

人は生まれた時から、すでに死へと向かって人生を歩むことになるわけで、その終局が生命をまっとうして活動を停止する、いわば生物学的な死であろう。どのように死を迎えるのか、それは同時にどのような生き方をするのかという問題とも関わってくるわけで、まさに源氏物語ではさまざまな登場人物たちの生き方に関心を注ぎ、この世での人のありようを追究もしていくのである。光源氏も、いわば一日一日死へと向かいながら、どのように人生をおくるべきか、栄華の世界に浸りながらも、迷い、苦しみ、喜びを味わいながらの人生の歩みだったに違いない。

前《さき》の世にも、御契《ちぎ》りや深かりけむ、世になくきよらなる玉の男《をのこ》御子《みこ》さへ生まれたまひぬ。いつしかと心もとながらせたまひて、急ぎ参らせて御覧ずるに、めづらかなるちごの御容貌《かたち》なり。一の御子は、右大臣の女御の御腹にて、寄せ重く、疑ひなき儲《まう》けの君、と世にもてかしづききこゆれど、この御にほひには並びたまふべくもあらざりければ、おほかたのやむごとなき御思ひにて、この君をば、私《わたくし》ものに思ほしかしづきたまふこと限りなし。(桐壺)

父は桐壺帝、母はやや身分の劣る桐壺更衣、すでに帝には弘徽殿《こきでん》女御との間に一宮（朱雀院）が生まれており、若宮（光源氏）は三つ年下の第二皇子であった。第一皇子の祖父は右大臣という家柄だけに、世間では疑いようのない将来の皇太子候補という評価であるのに対し、若宮の祖父は大納言止まり、しかもすでに桐壺更衣が入内する前に亡くなっているという状況だけに、同じ帝の御子とはいえ、初めから対等に比べられる身分関係ではなかった。ところが困ったことに、若宮は、「きよらなる玉の男御子」「この御にほひには並びたまふべくもあらざりければ」などと、最高の美的表現をするように、父帝はそのすばらしさに驚嘆もしているのである。しかし、社会的な制度からすると、いくら聡明な美しい皇子であっても、それを凌駕して皇太子にするなどというのは出自からするとありえず、帝としてもそのようなことなど考えもしていなく、もっぱら「私ものに思ほしかしづきたまふこと限りなし」とするように、一父親としての心を慰める子としてのかわいがりようであったという。

その御子が三歳の年、母の桐壺更衣を失い、まだ人の死もわからないまま、彼は母無し子となってしまった。

その年の夏、御息所《みやすどころ》、はかなきここちにわづらひて、まかでなむとしたまふを、暇《いとま》さらにゆるさせたまはず。年ごろ、常のあつしさになりたまへれば、御目馴れて、「なほしばしこころみよ」とのみのたまはするに、日々に重りたまひて、ただ五六日のほどに、いと弱うなれば、母君泣く泣く奏して、まかでさせたてまつりたまふ。……「夜中うち過ぐるほどになむ、絶えはてたまひぬる」とて泣き騒げば、御使もいとあへなくて帰り参りぬ。聞こしめす御心まどひ、なにごともおぼしめしわかれず、籠りおはします。……何ごとかあらむともおぼしたらず、さぶらふ人々の泣きまどひ、上も御涙のひまなく流れおはしますを、あやしと見たてまつりたまへるを、よろしきことにだに、かかる別れの悲しからぬはなきわざなるを、ましてあはれにいふかひなし。……はかなく日ごろ過ぎて、後のわざなどにも、こまかにとぶらはせたまふ。ほど経るままに、せむかたなう悲しうおぼさるるに、御方々の御宿直《とのゐ》なども絶えてしたまはず、ただ涙にひちて明かし暮らさせたまへば、（桐壺）

これが源氏物語に描かれた初めての人の死の描写だが、父帝や女房たちは涙を流して嘆き悲しむものの、若宮にとっては理解できないおももちでいるのが、また人々の悲しみを誘うことであったという。光源氏は母の死を自覚してはいなかったとはいえ、母の不在はその後成長するとともに人々から語られ、三歳まで生きていたということが、記憶はないにしてもますます恋しさを募らせていったはずである。母への恋慕、これが以後の彼の人生に大きな影響を与え、原体験として持続されたことは、いまさらいうまでもないであろう。これ以後、彼をとりまく人々が次々と死を迎えた中でも、鮮明な記憶として残されたのは、六歳の年に亡くなった祖母君であり、「つひに亡せたまひぬれば、またこれを悲しびおぼすこと限りなし。御子六つになりたまふ年なれば、このたびはおぼし知りて恋ひ泣きたまふ。年ごろ馴れむつびきこえたまへるを、見たてまつりおく悲しびをなむ、かへすがへすのたまひける」と、彼は繰り返し悲しみの情を吐露していたという。

物語の主人公が、語り初めから母無し子として紹介されるというのは、きわめて特異なことであろう。母の死による不在という悲劇が、光源氏にとっては母恋いとなり、やがて登場する藤壺への母としての思慕から一人の女性への愛となり、冷泉院の誕生という重大事件への展開となったのである。母への思いが藤壺との密通となり、そこから若紫（紫上）が物語舞台に呼び出され、さらに光源氏は藤壺の姪の女三宮に関心を持ち、兄朱雀院の降嫁という強い要望の体裁をとって六条院に迎えられ、そこから柏木との密通事件、薫の誕生と、物語の根本を動かす原動力ともなってくる。そのような、いわば源氏物語の物語としての展開の基本となる背景に存するのが、光源氏の母の死と母恋いであり、それが彼にとっての生まれながらの運命でもあったといえる。

ところで、主人公の光源氏は三歳で母を失ったが、長子の夕霧も誕生とともに母の葵上を亡くし、北山で見出す若紫も幼い頃に母を失い、祖母に育てられていた。光源氏は祖母の尼君に、「同じさまにものしたまふなるを、たぐひになさせたまへと、いと聞こえまほしきを」（若紫）と、若紫も自分と同じ母のいない者同志なので、その点でも親しくさせてほしいと、幼くして母を失った者はその悲しみが理解できると、まさに母の不在を口実の武器にして、引き取りを願ってもいるのである。源氏物語の第二部とされる、光源氏中年期になって降嫁した、やがて大きな事件に発展する女三宮も早く母を失っており、父の朱雀院が男手で育てていた女性であったし、宇治の巻々にはいっても、物語のヒロインとなる大君、中君も早く母の欠落した姉妹であった。このように、源氏物語の主要人物が次々と母無し子として造型されるのは、偶然にしてはあまりにも重なり過ぎるし、意図していたとすると、それはどのような意味をもっていたのであろうか。

源氏物語は、いわば亡くなった母を恋い続け、その面影を「ゆかり」の女性たちに求めた物語だったともいえよう。光源氏は高麗の相人のことばもあって皇族を離れて源姓を賜り、臣下として歩むようになり、十二歳で元服、その前に桐壺帝のもとに入内したのが、五歳年上の藤壺であった。桐壺帝とはかなり歳の離れた女性だったようだが、典侍《ないしのすけ》のことばによると、「亡せたまひにし御息所（桐壺更衣）の御容貌に似たまへる人を、三代の宮仕へに伝はりぬるに、え見たてまつりつけぬを、后の宮の姫宮（藤壺）こそ、いとようおぼえて生ひいでさせたまへりけれ。ありがたき御容貌人になむ」と、先帝の四の宮は、亡くなった桐壺更衣によく似ているとのひと言が、入内を促すことになったのである。「藤壺と聞こゆ。げに御容貌ありさま、あやしきまでぞおぼえたまへる」と、内裏の飛香舎《ひぎょうしゃ》（藤壺）に入り、以後藤壺と呼ばれることになるのだが、この女性は典侍の言っていたように、「あやしきまでぞおぼえたまへる」と、桐壺更衣にきわめてよく似ていたという。

光源氏としても、

母御息所も、影だにおぼえたまはぬを、「いとよう似たまへり」と典侍の聞こえけるを、若き御ここちにいとあはれと思ひきこえたまひて、常に参らまほしく、なづさひ見たてまつらばやとおぼえたまふ。（桐壺）

と、典侍のことばに藤壺にあこがれ、母の面影さえも知らないだけに、母を恋い慕うようにそば近くにいつもいたい気持ちがするありさまであった。父帝も、

な疎みたまひそ。あやしくよそへきこえつべきここちなむする。なめしとおぼさで、らうたくしたまへ。つらつき、まみなどは、いとよう似たりしゆゑ、かよひて見えたまふも、似げなからずなむ。（桐壺）

と、むしろ積極的に二人を近づけ、母と子との関係に仕立てていこうとする。彼にとって三歳まで母が生きていたことを聞いて知ってはいても、その面影となるとまったく記憶にないだけに、典侍が「いとよう似たまへり」と奏上し、父桐壺帝の口からも「つらつき、まみなどは、いとよう似たりし」と断言されるとなると、藤壺に母の面影を幻視するのは当然でもあった。後に元服した折、桐壺帝はその儀式を目にしながら、「御息所の見ましかばとおぼしいづるに、たへがたきを、心強く念じかへ

させたまふ」と、この光源氏の晴れ姿を桐壺更衣に見せてやりたかったと涙するように、入内当初の藤壺はあくまでも故更衣の代理的な存在であった。

ところが、光源氏は十二歳で元服し、一人前の男性となると、帝は一切藤壺の部屋にも連れて行かなくなり、姿を見ることもかなわなくなってくる。光源氏にとって、急に母と慕っていた藤壺に会えなくなると、せめて声なりとも聞きたい、顔を見ることができなくても、その振る舞いなりともそばで見聞きしたいとの思いが強くなり、さらに彼の念頭には母というよりも、一人の理想とする女性像へと膨らんでいってしまい、恋の虜になってしまったのである。彼にとっては、

心のうちには、ただ藤壺の御ありさまを、たぐひなしと思ひきこえて、さやうならむ人をこそ見め、似る人なくもおはしけるかな、大殿の君、いとをかしげにかしづかれたる人とは見ゆれど、心にもつかずおぼえたまひて、幼きほどの心一つにかかりて、いと苦しきまでぞおはしける。大人になりたまひて後は、ありしやうに御簾の内にも入れたまはず。御遊びのをりをり、琴、笛の音に聞こえ通ひ、ほのかなる御声を慰めにて、内裏住みのみこのましうおぼえたまふ。(桐壺)

と、元服とともに結婚した葵上の存在よりも、もっぱら藤壺への思慕が心を占めるというありさまで、このような状況に追いやったのは父帝のせいといっても過言ではない。さらに言及すれば、光源氏が

母を失うにいたったのも、父の過度なまでの寵愛が原因といってもよく、いわば彼のその後の運命は父帝によって強いられた結果ともいえよう。

光源氏十八歳の春、藤壺とどのように出会ったのか明らかではないものの、宮中から三条の里に下がっている折に忍び入ったのであろうか、密通によって生まれたのが冷泉院であった。父の帝はそれとも知らず、我が子と信じていたようで、年老いての御子であり、藤壺の寵愛もあって立坊させるが、それが光源氏の栄華にもつながってくるわけで、このような展開になるのも、母の死が前提となっていたという物語の構造が背景に存していた。

光源氏がわらわ病みのため北山に赴き、そこで美しい少女を発見した折、

つらつきいとらうたげにて、眉のわたりうちけぶり、いはけなくかいやりたる額つき、髪ざし、いみじううつくし。ねびゆかむさまゆかしき人かな、と目とまりたまふ。さるは、限りなう心をつくしきこゆる人に、いとよう似たてまつれるが、まもらるなりけり、と思ふにも涙ぞ落つる。

（若紫）

と、涙まで流して見つめてしまったのは、恋いこがれながら、逢うのを拒否している藤壺が背景にあったからにほかならない。藤壺は、思いがけない光源氏との出会いに驚愕し、帝に知られることを恐

れ、文の返事さえもしなくなる。光源氏にとっても苦しい思いにさいなまれ、かといって父の后である藤壺と結婚などできるはずはなく、どうすることもできないでいるところに、藤壺によく似た若紫を見いだしたのである。「涙ぞ落つる」と、藤壺との思うにまかせない関係に苦慮していた折でもあり、よく似た美しい少女の発見に光源氏は思わず涙を流してみつめてしまったのだといえよう。藤壺との行き詰まった関係、その打開として登場し、「ゆかり」と表現されるように、身代わりとなるのが若紫、後の紫上であった。光源氏の引き取りたいとの申し出を拒否していた祖母尼君が亡くなり、父の兵部卿宮が引き取ろうとする直前に、光源氏は略奪するように若紫を自邸に連れ出し、四年後の、正妻の葵上没後に結婚することになったのである。このような物語の重要な展開も、光源氏の母が亡くなったことがあったからにほかならなく、母恋いが義母の藤壺を慕い、さらに紫上を登場させる結果となったのだといえよう。母の桐壺更衣の死は、光源氏の女性遍歴をもたらし、その身のなかば犠牲的な物語舞台からの退去は、息子の栄華を将来したといえるかも知れない。

二　死者たちの記録

光源氏に記憶はないとはいえ、最初に死別したのは三歳の年の母桐壺更衣であった。ついで六歳の春の祖母君、「このたびはおぼし知りて恋ひ泣きたまふ」と、この折は人の死が理解できたようで、恋い慕って泣き、いつまでも忘れることがなかったという。その後の、光源氏の体験した死別とともに、物語に次々と語られる死者の描写について、巻の順に一覧表にすると次のようになる。桐壺更衣から紫上までは光源氏の年齢、八宮北方以降は薫の年齢、その下欄には亡くなった人物の季節と年齢を示し、空欄は不詳を意味する。

桐壺更衣	3　夏	夜中うち過ぐるほどになむ、絶えはてたまひぬ。（桐壺）
按察大納言北方	6	つひに亡せたまひぬれば、（桐壺）
夕顔	17　秋　19	冷えに冷え入りて、息はとく絶えはてにけり。いはむかたなくかなし。（夕顔）
葵上	22　秋　26	にはかに、例の御胸をせきあげて、いといたうまどひたまふ。内に御消息聞こえたまふほどもなく、絶え入りたまひぬ。…二三日見たてまつりたまへど、やうやう変はりたまふことどもあれば、限りとおぼしつるほど、（葵）
桐壺帝	23　冬	おどろおどろしきさまにもおはしまさで、隠れさせたまひぬ。足をそらに思ひまどふ人多かり。（賢木）
二条太政大臣	27　夏	太政大臣亡せたまひぬ。ことわりの御齢なれど、つぎつぎにおのづから騒がしきことあるに、（明石）
常陸守	29　秋	この常陸の守、老いのつもりにや、なやましくのみし、…とうしろめたう悲しきことに思へど、心にえとどめぬものにて、亡せぬ。（関屋）

六条御息所	29	冬	36	七八日ありて亡せたまひにけり。あへなうおぼさるるに、世もいとはかなくて、（澪標）
摂政太政大臣	32	春	66	そのころ、太政大臣亡せたまひぬ。世のおもしとおはしつる人なれば、おほやけにもおぼし嘆く。（薄雲）
藤壺	32	春	37	灯火などの消え入るやうにはてたまひぬれば、言ふかひなく悲しきことをおぼし嘆く。（薄雲）
桃園式部卿宮	32	夏		その日式部卿の親王亡せたまひぬるよし奏するに、いよいよ世の中の騒がしきことを嘆きおぼしたり。（薄雲）
柏木	48	春	32～33	女宮にも、つひにえ対面しきこえたまはで、泡の消え入るやうにて亡せたまひぬ。（柏木）
落葉宮母	50	秋		やがて絶え入りたまひぬ。あへなくいみじ、と言へば愚かなり。…加持参り騒げど、いまはのさましるかりけり。（夕霧）
紫上	51	秋	43	まことに消えゆく露のここちして限りに見えたまへば、…夜ひと夜さまざまのことをしつくさせたまへど、かひもなく、明けはつるほどに消えはてたまひぬ。（御法）
鬚黒	14			あへなく亡せたまひにしかば、夢のやうにて、（竹河）
八宮北方				いといたくわづらひて亡せたまひぬ。宮、あさましうおぼしまどふ。（橋姫）
宇治八宮	23	秋	61	人々来て、「この夜中ばかりになむ亡せたまひぬる」と泣く泣く申す。（椎本）

大君	24	冬　24	見るままにもの隠れゆくやうにて、消えはてたまひぬるはいみじきわざかな、ひきとどむべきかたなく、（総角）
女二宮母	24	夏	夏ごろ、もののけにわづらひたまひて、いとはかなく亡せたまひぬ。言ふかひなく口惜しきことを、（宿木）
蜻蛉式部卿宮	27	春	そのころ、式部卿の宮と聞こゆるも亡せたまひにければ、（蜻蛉）

これによって、登場人物の亡くなる季節がいつとは決まってはいないものの、光源氏とかかわる女性のうち、夕顔・葵上・紫上が秋、六条御息所が冬、藤壺が春ということになり、男性も含めて大半は「絶える」「亡せる」といったことばで、その死が表現される。死をもってその人の生涯が終わるだけに、そこではどのように描写され、残された人々がどれほど悲しむのか、それは同時に物語での役割の重要性ともかかわってくるであろう。この表の中で、一人だけ存する天皇の桐壺帝は、「隠れる」のことばが用いられ、「絶える」とか「亡せる」ではないのが注目される。身分の高い人が亡くなった場合には、「死」を直接意味することばを避け、姿を隠すという表現を用いたことによる。そのほかの表現としては、藤壺、柏木、紫上、大君の「消える」が注目されてくる。

ところで、光源氏はすでに述べたように、幻巻の五十二歳十二月で物語舞台から姿を隠し、その後出家して亡くなったことが知られるが、その最期は描かれない。「光隠れたまひにしのち、かの御影に立ちつぎたまふべき人、そこらの御末々にありがたかりけり」（匂宮）と記されるのにより、その亡くなったことが明らかにされる。ここで、桐壺帝と同じく「隠れ」のことばが用いられるのによって、光源氏の死も特別であったと認識されていたことが知られるであろう。なお、物語の実態は明らかでない「雲隠」が伝来するが、本来巻名だけなのか、光源氏の死が描かれていたとされる物語も存在していたのか、必ずしも明らかではない。光源氏が亡くなるという、たとえようのない悲しい事件だけに、物語は削除して巻名だけを残したのだとも伝えるが、それはともかく、桐壺帝と同じく「隠れる」を持つ「雲隠」の名称は、光源氏の死を意味することばとしてふさわしいとはいえよう。

もう少しこの死者たちの記録の表を見ていくと、男性の場合、桐壺帝の亡くなった年齢は不明ながら、光源氏の兄の朱雀院は賢木巻で二十七歳、桐壺帝の二十過ぎた折に誕生したとすると、晩年は五十歳を越えていたであろう。「おどろおどろしきさまにもおはしまさで」と、病が重くなり、そのまま亡くなってしまったとはいえ、平均寿命は過ぎていたはずである。朱雀院の祖父である二条太政大臣（右大臣）は「ことわりの御齢なれど」とあるため、それ相応の高齢だったし、常陸守も「老いのつもり」と表現され、摂政太政大臣（左大臣）は六十六歳という年齢、桃園式部卿宮は桐壺帝の弟だけに、それほど若くはなかった。鬚黒は五十七、八歳の没、蜻蛉式部卿宮も桐壺帝の弟で、こちらはかなりの老齢だったちがいない。このようにみていくと、悶死した柏木を除くと、男性はほぼ人生を全うして死を迎えたと考えられる。さらに光源氏の死は五十六、七歳くらいであったし、宇治の八宮も椎本巻で重厄だったとすると六十一歳になっていたはずで、源氏物語の人物たちは概して長命であ

った と知られてくる。

柏木は、女三宮との密通事件により、光源氏から譴責《けんせき》を受け、その悲痛な思いから病気となり、自ら命を縮めてしまうのだが、亡くなったのは三十二、三歳だったため、これは早死にの方であろう。光源氏は藤壺と密通して、冷泉院という御子をもうけたように、柏木は光源氏の正妻である女三宮と通じて罪の子薫が誕生するという、重大な事件を引き起こした人物であった。本来ならば左大臣家の長子として、将来は政治権力の中枢になるべき運命を持っていたはずである。

女性の方をみると、光源氏がなにがしの院に連れだし、物の怪によってとり殺されるという悲劇に遭遇してしまった夕顔は、十九歳という若さであった。葵上は、光源氏の初めての子ども夕霧を出産、その後物の怪のせいもあって亡くなったのは二十六歳、六条御息所は年齢に問題はあるのだが、後に入内する秋好中宮を残して亡くなるのが三十六歳であった。以下、藤壺は三十七歳、紫上四十三歳、大君は二十六歳、後に助かりはするが、宇治川に身投げしようとした浮舟は二十二歳であった。このように並べていくと、歴然としているように、女性の方がはるかに寿命が短いのである。当時の平均寿命というのは男性の方が長かったはずはなく、今日と同じく女性だったのではないかと思うが、それにしてもなぜこれほどまでに女性は命短く描かれるのであろうか。

源氏物語は、あくまでも女性の物語であっただけに、基本的にはヒロインが次々と登場し、消え去ることが必要ではあったのであろう。光源氏とかかわる女性がいつまでも長生きし、老女になるまでいたのでは、物語になりはしない。若く、美しい女性がはかなく命を失うことで、読者の悲しみの涙を誘う効果をもたらす意図もあったはずである。

三　藤壺のゆかりとしての紫上

女性の死の描写には、夕顔のように、

「いとうたて、乱りここちのあしうはべれば、うつぶし臥してはべるや。御前にこそわりなくおぼさるらめ」と言へば、「そよ、などかうは」とて、かい探りたまふに、息もせず。引き動かしたまへど、なよなよとして、われにもあらぬさまなれば、いといたく若びたる人にて、ものにけどられぬるなめり、とせむかたなきここちしたまふ。……まづこの人いかになりぬるぞと思ほす心騒ぎに、身の上も知られたまはず、添ひ臥して、「やや」とおどろかしたまへど、ただ冷えに冷え入りて、息はとく絶えはてにけり。言はむかたなし。頼もしく、いかにと言ひふれたまふべき人もなし。（夕顔）

と、なまなましい死の描写がなされる。「息もせず」「なよなよとして」「ただ冷えに冷え入りて」「息はとく絶えはてにけり」と、次々とくりだされることばに、まざまざと臨場感あふれる映像が浮かび上がってくるようである。物の怪による、いわば突然死で、光源氏は十七歳という若さだっただけに、どうすることもかなわず、おろおろとし、恐ろしさでふるえるしかなかった。読む者も、光源氏と一緒になって身をふるわせるしかないであろう。

その後の女性で、死の描写が「絶える」とか「亡せる」とは異なる表現が用いられているのは、藤壺、紫上、大君の三人であった。

「月ごろ悩ませたまへる御ここちに、御行ひを時の間もたゆませたまはずせさせたまふつもりの、いとどいたうくづほれさせたまふに、このころとなりては、柑子《かうじ》などをだに触れさせたまはずなりにたれば、頼みどころなくならせたまひにたること」と泣き嘆く人々多かり。…「はかばかしからぬ身ながらも、昔より御後見つかうまつるべきことを、心のいたる限りおろかならず思ひたまふるに、太政大臣のかくれたまひぬるをだに、世の中心あわたたしく思ひたまへらるるに、またかくおはしませば、よろづに心乱れはべりて、世にはべらむことも残りなきここちなむしはべる」など聞こえたまふほどに、灯《ともしび》火などの消え入るやうにてはてたまひぬれば、いふかひなく悲しきことをおぼし嘆く。（薄雲）

藤壺の最後の描写は、「灯火などの消え入るやうにてはてたまひぬれば」と、「消え入るやう」だったとし、死を意味することばに「消える」を用いるのは、男性では柏木に見られるのと、女性では藤壺・紫上・大君の三人だけである。

藤壺は、桐壺更衣に似ていることから桐壺帝のもとに入内、五つ年下の光源氏は母として慕い、やがて一人の女性への思慕となり、冷泉院を生むという重大な過ちを犯してしまった。桐壺帝はそうとも知らなかったはずで、実の子として寵愛し、皇太子として次の天皇位への道を歩ませることになる。藤壺と光源氏にとって、冷泉院を即位させることが課せられた使命となり、必死に二人の秘密を守り、東宮の擁立をはかる行動を最優先させる。藤壺が出家し、光源氏が須磨、明石に下っていったのも、冷泉院を帝位につける命題があったからにほかならない。三年後に光源氏は朱雀院から帰京を求められ、それと引き換えに冷泉院の即位、その後は藤壺と光源氏の政権獲得ともいうべき栄華をきわめる時代が訪れることになる。

藤壺中宮の役割は、光源氏の擬似母親の役から理想の女性として存在し、やがて光源氏を栄華に導く秘密の子をもうけることにあり、その子の即位を見届けるかのようにして彼女は崩じてしまうのである。自分の出生の秘密を知った冷泉院は、実の父である光源氏に帝位を譲ろうとするが、驚いた光源氏は固辞し、その代わりとなったのが、天皇でもなく、臣下でもない地位としての、源氏物語によって創造された准太上天皇という、天皇を別にすると最高の身分につくことになる。まさにこの世の栄華をきわめた、光源氏の世の訪れともいえよう。これも母恋いから藤壺を慕い、冷泉院が誕生するという重大な事件が、結果として光源氏を最高の地位につけたわけで、母が死ななければこのような展開にはならなかったはずである。

光源氏が藤壺を恋いこがれたところで、父帝の后であるからにはそれ以上の二人の関係は進展しようがなく、子どもが生まれたにしても、それはあくまでも秘密であり、表面的には桐壺帝の子どもであった。その「ゆかり」としての身代わりの女性が、北山で発見した若紫（後の紫上）であり、盗み出すように二条院に連れ出し、正妻葵上の没後に結婚することになる。光源氏の二条院、さらに栄花をきわめて豪壮な邸宅を構えた六条院でも、紫上はたえず中心の女性として存在し、正式な結婚の手続きは踏んでいなかったものの、いわば正妻的な存在にあった。六条院という、四町を占めた敷地に、春、夏、秋、冬の御殿を建てた光源氏の世界、その春の町の主人となり、いわば光源氏のこの世に出現させた浄土の中心として人々から尊崇され、光源氏からも大切にされていた。春の御殿には紫上、将来の后候補である明石姫君を擁しており、夏の御殿に花散里、その対の屋には玉鬘、秋の御殿には養女にして冷泉帝に入内させた秋好中宮、冬の御殿には明石君、さらに二条東院にはかつてかかわりを持っていた空蟬や末摘花等の多くの女性たち、このように調和された世界が光源氏と紫上を中心軸にしてまわっていたのである。

光源氏が准太政天皇という最高の地位となった三十九歳の冬、兄朱雀院は病により出家を決意したものの、娘の女三宮を残して俗世から離れるのが心配で、婿選びによって信頼のおける男性に託して仏道に入ろうとする。柏木や夕霧、蛍兵部卿宮、大納言等と、自薦他薦の候補者も多かったのだが、最終的には女三宮はまだ十三、四歳という幼さだけに、父親代わりとして育ててもほしいとの思いから光源氏への降嫁となる。その要請に光源氏の心を動かしたのは、女三宮の母藤壺女御が、母を異にするとはいえ、かつて彼の恋い焦がれた藤壺中宮の妹にあたるという血縁関係であった。いわば、藤壺中宮の姪が女三宮だけに、光源氏は大いに関心を持ち、朱雀院の意向を受け入れる形で結婚を承諾したのである。ここにも、桐壺巻の初めから物語の底に流れる、母恋いのテーマが顔をのぞかせて藤壺中宮の「ゆかり」が登場し、女三宮を六条院に迎え入れることになり、これが紫上を中心として長年調和された六条院世界の崩壊へとつながっていった。

六条院春の御殿の中心であった寝殿を女三宮に明け渡し、紫上は対の屋に移ることになるが、これ一つによっても、絶対的な存在であった紫上の地位の相対的な低下は明らかであろう。紫上とはくらべものにならない女三宮の身分の高さ、女三宮はかつての天皇の内親王であり、紫上がなかば略奪のようにして光源氏に引き取られたのに比し、正式な婚儀を整えての輿入れであり、しかも降嫁とはいえ、准太政天皇の住む六条院入りだけに、入内に等しいものがあった。「朱雀院の姫宮、六条の院へ渡りたまふ。この院にも、御心まうけ世の常ならず。若菜参りし西の放出に、御帳立てて、そなたの一二の対、渡殿かけて、女房の局々まで、こまかにしつらひ磨かせたまへり。内裏に参りたまふ人の作法をまねびて、かの院よりも御調度など運ばる。渡りたまふ儀式言へばさらなり」と描写されるのによって、その六条院入りの美々しさが知られるであろう。

紫上は、このたびの結婚は、朱雀院からの強い求めによるため、仕方がないとあきらめようとし、光源氏もおろそかにはしないと愛を誓い、これまでとけっして変わらないと約束するものの、彼女をとりまく現実はそうでなくなっていく。彼女は十ばかりに光源氏と生活をともにするようになって以来、須磨・明石という三年ばかりの悲しみの離別はあったにしても、帰京後は光源氏の栄花にともない、彼女はますます重きをなしてすでに二十年余の歳月を経ているのである。それが同じ六条院で、夫の光源氏が寝殿の女三宮のもとに通っていく姿を見るにつけ、

あまり久しき宵居も例ならず、人やとがめむ、と心の鬼におぼして入りたまひぬれば、御衾まゐりぬれど、げにかたはらさびしき夜な夜な経にけるも、なほただならぬここちすれど、かの須磨の御別れのをりなどをおぼしいづれば、今はとかけ離れたまひても、ただ同じ世のうちに聞きたてまつらましかば、とわが身までのことはうちおき、あたらしく悲しかりしありさまぞかし、さてそのまぎれに、われも人も命たへずなりなましかば、言ふかひあらまし世かは、とおぼしなほす。風うち吹きたる夜のけはひ冷やかにて、ふとも寝入られたまはぬを、近くさぶらふ人々あやしとや聞かむ、とうちも身じろきたまはぬも、なほいと苦しげなり。夜深き鶏の声の聞こえた

るも、ものあはれなり。(若菜上)

と、考えていたのとはあまりにも異なる現実の夜の寂しさに、人目をはばかりながらむなしい思いで過ごす日々が訪れるのであった。光源氏にとっても、朱雀院への評判の手前、女三宮を無視するわけにはいかず、紫上を慰めながら通っていくのだが、このような苦悩に苛まれることなど初めからわかっていたはずである。

それからすでに九年、紫上は少女のころから、光源氏のもとでほぼ愛を独占して過ごしてきたものの、女三宮の出現は彼女を少しずつ窮地に追いやっていたようで、

対には、例のおはしまさぬ夜は、宵居したまひて、人々に物語など読ませて聞きたまふ。「かく、世のたとひに言ひ集めたる昔語どもにも、あだなる男、色好み、二心ある人にかかづらひたる女、かやうなることを言ひ集めたるにも、つひによるかたありてこそあめれ、あやしく浮きても過ぐしつるありさまかな。げに、のたまひつるやうに、人よりことなる宿世もありける身ながら、人の忍びがたく飽かぬことにするもの思ひ離れぬ身にてややみなむとすらむ。あぢきなくもあるかな」など、思ひ続けて、夜ふけて大殿籠りぬる暁がたより御胸を悩みたまふ。人々見たてまつりあつかひて、「御消息聞こえさせむ」と聞こゆるを、「いと便ないこと」と制したまひて、

たへがたきをおさへて明かしたまうつ。御身もぬるみて、御ここちもいとあしけれど、院もとみに渡りたまはぬほど、かくなむ、とも聞こえず。（若菜下）

と、緊張の糸が切れたように、紫上は病となってしまった。光源氏と身分の高い女三宮との結婚、しかもそれは朱雀院からの強い求めによってなされただけに、紫上にとっては諦めざるを得ないとの思いと現実とのギャップ、それが彼女の心を少しずつ蝕んでいったともいえよう。「あだなる男」、「色好み」の男、また「二心ある人」にかかずらうようになった女にとって、夫の心のさだまらなさには悩まされ続けるものだが、しかしそのような男であっても、最後は一人の女に落ち着き、大切にするのが昔物語のつねであった。ところがわが身は、「ことなる宿世もありける身」と、これまで人からその幸せを称賛されてきたにもかかわらず、いつまでも浮いたような生活であり、人のもっとも悩みとする「もの思ひ離れぬ身」として生涯を終えようとする現実の姿に、彼女は底知れぬ悲しみの淵に沈むのであった。

この後の展開は、病状が回復しないため、場所を変えて療養した方がよいかとの判断により、紫上は六条院から二条院に移り、光源氏は看病のためもあってそちらで過ごすことが多くなってくる。そうなると、大半の女房や従者たちも二条院へ行ってしまい、あれほど人の出入りも多くはなやかだった六条院は、まるで火の消えたように寂しくなってしまう。六条院という栄花の世界は、まさに紫上が存在していてこそ成り立っていたといえる状況であったと、つくづくと人々は知ることになる。その留守がちな折に、柏木が小侍従の手引きによって六条院に忍び入り、女三宮と密通事件が起こり、薫という生まれながらにして罪を背負った子が生まれたのである。それを知った光源氏は、わが子ではないわが子を抱き、複雑な思いにさいなまれたのは当然であろう。

紫上は、御法巻で、病気の回復することなく、四十三年の生涯を終えた。もっとも信頼していたはずの光源氏だったが、すでに引用したように「つひによるかた」のない身の嘆き、不信を抱いたままで彼女の病は癒えることがなかった。光源氏にしてみれば、母恋いのほんの好き心から、藤壺につながる女三宮を迎えたばかりに、柏木との密通事件が起こり、薫が生まれるとともに、その罪の呵責から柏木は死を迎え、女三宮は出家してしまい、最愛だったはずの紫上は病の床についてしまう。光源氏の造り上げた栄花の世界とは何だったのか、むなしくも彼の手から砂がこぼれるように次々と大事な物が失われてしまったともいえよう。

むなしき御骸《から》にても、今ひとたび見たてまつらむの心ざしかなふべきをりは、ただ今よりほかにいかでかあらむ、と思ふに、つつみもあへず泣かれて、女房のあるかぎり騒ぎまどふを、「あなかま、しばし」としづめ顔にて、御几帳の帷子《かたびら》を、もののたまふまぎれにひきあげて見たまへば、ほのぼのと明けゆく光もおぼつかなければ、大殿油《おほとなぶら》を近くかかげて見たてまつりたまふに、飽かずうつくしげに、めでたうきよらに見ゆる御顔のあたらしさに、この君のかくのぞきたまふを見る見るも、あながちに隠さむの御心もおぼされぬなめり。

「かくなにごともまだ変らぬけしきながら、限りのさまはしるかりけるこそ」とて、御袖を顔におしあてたまへるほど、大将の君も、涙にくれて目も見えたまはぬを、しひてしぼりあけて見たてまつるに、なかなか飽かず悲しきことたぐひなきに、まことに心まどひもしぬべし。御髪のただうちやられたまへるほど、こちたくけうらにて、つゆばかり乱れたるけしきもなう、つやつやとうつくしげなるさまぞ限りなき。火のいと明かきに、御色はいと白く光るやうにて、とかくうちまぎらはすことありしうつつの御もてなしよりも、いふかひなきさまにて、なに心なくて臥したまへる御ありさまの、飽かぬところなし、と言はむもさらなりや。なのめにだにあらず、たぐひなきを見たてまつるに、死に入る魂のやがてこの御骸《から》にとまらなむ、と思ほゆるも、わりなきことなりや。（御法）

光源氏は女房たちの泣き喚くのを静め、夜明けの暗がりにともし火をかかげて見ると、紫上の死に顔は「めでたうきよらに見ゆる御顔のあたらしさ」であり、「つやつやとうつくしげなるさま」と、少しの乱れもなく、色も白く光るように美しかったと、その最後の穏やかな姿が語られる。光源氏は出家を決意して幻巻に記されるように一年を過ごし、新春の準備を命じて家を出るのは、翌年の五十二歳になってのことであった。出家したのはかねて造営していた嵯峨の御堂のようで、やがて数年後には亡くなったらしく、年齢も五十五、六にはなっていたであろうか。彼にとっては栄花をきわめたとはいえ、母の死からはじまり、御法巻では最愛の紫上を失うという、悔恨と悲痛の世であったといってもよく、出家も世俗の思いを満たしてのものではなかっただけに、ひたすら仏道への帰依を祈り続け、心の浄化を果たしたはずである。

四　大君の死と浮舟の生き方

薫は、系図上は光源氏の四十八歳の誕生となるのだが、すでに述べたように女三宮の柏木との密通によって生を享けた、いわば生まれながらに罪を背負ってこの世に出現した子どもいえる。物心ついた五歳の年に父の光源氏は家を出て出家、母の女三宮は尼になっているという環境に育ったのである。一部の女房のなかには、薫の実の父親は柏木であり、亡くなってしまったことを知っている者もいたのであろうか、薫は自分の出生についてそれとなくささやくのを耳にしたり、また何となく感じるところもあった。そのようなことにより、彼は早くから仏道に関心を持ち、いずれは出家したいとまで思っていたほどである。そのような折、宇治の八宮（光源氏の弟）は、薫にとっては叔父にあたるが、二人の姫君を育てながら、なかば僧侶のような生活をし、俗聖とも呼ばれているとのことで、仏道にも詳しいとの話を聞くにつけ、彼は心を引かれて訪れることにする。薫は宇治に赴き、八宮から仏の教えを聞くようになって三年が経過、ところが二十三年の晩秋、八宮が山寺にこもって留守をしていた折、彼はふとしたことから月明かりのもとで音楽に興じる二人の姫君をかいま見し、姉の大君に思いを寄せるようになってしまった。

父八宮の遺言もあり、大君と薫とは結婚してもよい関係にありながら、彼女は拒否し続け、ついには自ら選んだように死を迎えてしまう。もっとも薫がなぜ大君を慕いもとめたのかは議論のあるところで、八宮は中君との結婚を望んでいたものを、薫の誤解によって大君と信じてしまったところが、もっとも大きな原因なのであろう。大君は、自分とではなく、むしろ妹の中君と結婚するよう執拗に薫に求めるが、彼はかたくなに断り、むしろ匂宮と結びつけてしまう。絶望した大君は、自らの命を絶つように、食事もしなくなり、最後は薫に見とられながら亡くなってしまうのである。

世の中をことさらに厭ひ離れねとすすめたまふ仏などの、いとかくいみじきものは思はせたまふにやあらむ、見るままにもの隠れゆくやうにて、消えはてたまひぬるはいみじきわざかな。ひきとどむべきかたなく、足摺りもしつべく、人のかたくなしと見むこともおぼえず。限りと見たてまつりたまひて、中の宮の、おくれじと思ひまどひたまふさまもことわりなり。あるにもあらず見えたまふを、例の、さかしき女ばら、今はいとゆゆしきこと、とひきさけたてまつる。

中納言の君は、さりとも、いとかかることあらじ、夢かとおぼして、大殿油を近うかかげて見たてまつりたまふに、隠したまふ顔も、ただ寝たまへるやうにて、変りたまへるところもなく、うつくしげにてうち臥したまへるを、かくながら、虫の殻のやうにても見るわざならましかば、と思ひまどはる。今はのことどもするに、御髪をかきやるに、さとうち匂ひたる、ただありしながらの匂ひになつかしうかうばしきも、ありがたう、なにごとにてこの人をすこしもなのめなりしと思ひさまさむ、まことに世の中を思ひ捨てはつるしるべならば、恐ろしげに憂きことの、悲しさもさめぬべきふしをだに見つけさせたまへ、と仏を念じたまへど、いとど思ひのどめむかたなくのみあれば、言ふかひなくて、ひたぶるに煙にだになしはててむと思ほして、とかく例の作法どもするぞ、あさましかりける。空を歩むやうに漂ひつつ、限りのありさまさへはかなげにて、煙も多くむすぼほれたまはずなりぬるもあへなし、とあきれて帰りたまひぬ。(総角)

このように、はかなく死を迎えてしまうのだが、「見るままにもの隠れゆくやうにて、消えはてたまひぬる」とは、まさに衰弱死であろう。これは、本文に、

直面《ひたおもて》にはあらねど、はひ寄りつつ見たてまつりたまへば、いと苦しく恥づかしけれど、かかるべき契りこそはありけめとおぼして、こよなうのどかにうしろやすき御心を、かのかたつかたの

人に見くらべたてまつりたまへば、あはれとも思ひ知られにたり。むなしくなりなむ後の思ひ出にも、心ごはく、思ひ隈《くま》なからじ、とつつみたまひて、はしたなくもえおし放ちたまはず。夜もすがら人をそそのかして、御湯などまゐらせたてまつりたまへど、つゆばかりまゐるけしきもなし。いみじのわざや、いかにしてかはかけとどむべき、といはむかたなく思ひゐたまへり。（総角）

と記すように、大君は自ら食事もとらなくなったというので、なかばは死を覚悟してのことであった。なぜそれほどまでに、彼女は死を選んだのか。彼女が繰り返し述べるのは、薫の誠実さは認めながらも、やがて自分が年をとれば見放されてしまうであろうという、根本的な男性不信感である。いくら薫が説得したところで、この不信感はぬぐい去りようがなく、彼女には信念のようにとりついてしまっていた。確かに、宇治という、都から離れた土地で育ち、母を早く失い、俗聖とも称されるような八宮という、世のすね者を父に持っていたという環境もあったのであろうが、それ以上に大君の男性不信は説明のつかない強固な信念であったといっても過言ではない。

当時にあっても、死は不浄なもの、忌み嫌うものであり、それを浄化するための仏事がさまざま行われていた。しかし、死者となった紫上の顔は、「御色はいと白く光るやうにて、とかくうちまぎらはすことありしうつつの御もてなしよりも、いふかひなきさまにて、なに心なくて臥したまへる御ありさまの、飽かぬところなし」と、むしろ美しさが強調されていた。色のかがやくような白さ、それが灯に照らされ、見ていても飽きることがないとまで表現されていたが、ここでも薫は明かりをそば近くにして顔をのぞき込み、大君のまるで寝ているような姿、「変りたまへるところもなく、うつくしげにて」と、生きているような美しさに見とれてしまう。現実を超えた、死によって永遠の美しさを獲得した二人の女性の、いわば理想的な姿でもあったのであろう。

それにしても薫の求めを拒否し続ける大君の男性不信、それは宇治の巻々からだけでは説明のつけようがなく、私は正編の紫上の観念を継承して造型されたのが大君だったのであろうと思う。結婚することによって現世の幸せを得るにしても、それはいずれ破綻するに違いないとの、男性に対する絶対的な不信感が根底にある。そのような先になっての男の訪れなさを嘆き涙する生活よりも、大君にとって、薫とは誠実で清らかな関係を保ち、今の自分の姿を永遠にとどめてほしいとの願いが、自死ともいうべき死への道をとったのであろう。その大君の望みに呪縛されるように、薫は彼女を理想とし、その幻影を中君、浮舟に求めていくのである。

現世の幸せをつかんだのが、匂宮と結婚した妹の中君だったとすると、死を越えたところに、自らの生き方を見出したのが、源氏物語の最後に登場した浮舟であった。薫にかくまわれて宇治に住んでいたものの、匂宮の知るところとなり、二人の男性を通わせることになってしまう。それを薫が知り、都に引き取ることにしたものの、匂宮はそれ以前に盗み出すことを計画、もはやどうしようもなく窮してしまった浮舟は、大君と同じく死の道を選んだのである。

ただ、われは限りとて身を投げし人ぞかし、いづくに来にたるにか、とせめて思ひいづれば、いといみじ、とものを思ひ嘆きて、みな人の寝たりしに、妻戸を放ちていでたりしに、風はげしう、川波も荒う聞こえしを、ひとりもの恐ろしかりしかば、来しかた行く先もおぼえで、簀子の端に足をさしおろしながら、行くべきかたもまどはれて、帰り入らむも中空にて、心強く、この世に亡せなむと思ひたちしを、をこがましうて人に見つけられむよりは、鬼もなにも食ひ失へと言ひつつ、つくづくとゐたりしを、いときよげなる男の寄り来て、「いざたまへ、おのがもとへ」と言ひて、抱くここちのせしを、宮と聞こえし人のしたまふとおぼえしほどより、ここちまどひにけるなめり、知らぬ所にするおきて、この男は消え失せぬ、と見しを、つひに、かく、本意のこともせずなりぬる、と思ひつつ、いみじう泣く、と思ひしほどに、その後のことは、絶えていかにもいかにもおぼえず。（浮舟）

浮舟は「心強く、この世に亡せなむと思ひたち」と確かに死を決意し、「鬼もなにも食ひ失へ」となかば自棄になり、宇治川に身を投げるために家を出たのである。しかし、横川僧都に助けられ、妹尼の看病によって回復、比叡の坂本で過ごすことになる。その後、浮舟は出家、薫は浮舟の生存を知り、浮舟の弟に文を託すが、彼女は会うのを拒否する。今の、仏の道に生きることに必死となり、自分を守ろうとしていったのだと思う。薫はあるいは誰か別の男が隠しているのではないかと不審に思うところで、五十四巻は語り終えられ、継続するような気配を見せながらも、物語は終結してしまう。もはや、これ以上書く必要もなく物語は閉じられたのか、あるいはさらなる展開があったのか、すべては明とも暗ともなく筆は擱かれてしまう。

母の死と母恋のテーマは、藤壺、紫上、女三宮を物語に登場させ、いきついたところが女三宮の出家と、紫上の光源氏に不信を抱いての死であった。その重要な課題は宇治十帖にも揺曳し、大君の男性不信による死、浮舟の死を越えた仏道での安息を見出すことになったのだといえよう。紫上も大君も、男性への不信を胸に抱いたまま死を迎え、その死に顔はやっと訪れた平穏を示すかのように、穏やかで美しい容貌であった。その女性の苦悩を継承する浮舟は、同じく死を経ながらも、蘇生した後は、二人には果たせなかった仏道への帰依を果たし、髪を削いだ後は、「ただ今は心やすくうれし。世に経べきものとは思ひかけずなりぬるこそは、いとめでたきことなれ、と胸のあきたるここちぞしたまひける」（手習）と、やっと満足な思いをする。その境地は、幾人もの女性の愛と死をたどりながらも、やっと手に入れた「胸のあきたるここち」とする安堵の思いでもあったのであろう。

日本映画における生と死

上倉庸敬

はじめに

生きることと死ぬことについて、外国の映画とくらべた場合、日本映画には特色とよべるような独自のものがあるだろうか。あるだろうと思う。

生と死をどう考えるかということについて、たとえばヨーロッパには古典ギリシャ以来の伝統がある。しかしまた、ヨーロッパがキリスト教を受けいれたとき、その考え方もはげしく変化せざるをえなかった。そのように変容しつづけるヨーロッパの攻勢を、日本はここ一〇〇年あまり受けとめようとしてきた。生と死をめぐる独特な把え方がそれまでの日本にあったとして、一〇〇年のあいだヨーロッパから取りこんできたものも少なくあるまい。そのなかから純粋に日本だけの特色を取りだすことが、はたしてできるだろうか。しかも問題は映画である。

映画はその技術が発明されてから、おなじく一〇〇年しかたっていない。ヨーロッパで発明された映画技術を、日本はほとんど時間差なく導入した。わずか一〇〇年で、映画という新しい表現は、生死の問題にかぎらず、国によって云々できるほどの違いを示すことができるようになっただろうか。しかも、新技術である映画にかかわりあうような日本人は、西欧をはじめ外国の動向に敏感であったことも考慮しなければなるまい。

それでもやはり、生きることと死ぬことについて、日本映画に独特な考え方をとらえることはできる。日本映画、外国映画という場合、映画とはおおよそは劇映画のことである。劇なりドラマなりの定義は国によってさまざまだろうが、劇とかドラマとか物語とかが多かれ少なかれ人間自身の問題にかかわることは、どこの国でも変わらない。生と死について、この一〇〇年のあいだ、日本人がどのようなことを考えてきたかは、ほかの国々とは違うものとして、特色を取りあげることができるだろう。それはいくぶんなりと映画にも反映しているだろうと思う。

三つのことを述べようと思う。

第一。日本の伝統は古典ギリシャと似ていて、それによれば、生きているときの努力に応じて、死後、人間はいつまでもつづく浄福を享受する。死は、生きている世界と死後の世界とを区切る敷居にすぎず、それ自体に意味はなく、生ないし死後が、死にたいして意味をあたえる。だが、ここ一〇〇年で展開した映画表現では、死後の世界はあまり考察されず、もっぱら生が死を意味づける。このこと自体はべつだん日本映画だけにみられるわけではない。

第二。ヨーロッパ・キリスト教の世界は、古典ギリシャや日本とは異なり、イエスの受苦をとおして、死そのもの、死の苦痛そのものに意味を見いだした。死そのもの、死の苦痛そのものにも価値がある。確固たる価値の体系のなかで、死は生とおなじように意味をもっており、その点では、死ぬことは生きることに等しい。生が死を意味づけるように、死が生を意味づけることもある。それは、路傍の小石でもなにかの役に立っている、と世界を把える見方であり、こうした観点が日本映画にはまったく見られないということは、日本映画の特色の一つといえるだろう。

第三は、第二の裏返しである。そうした価値体系のない日本では、死は無意味である。生によって意味づけられない死、ひるがえれば無意味な生であっても、それを生きねばならぬ。そのことをくっきりと打ちだした極北に、小津安二郎監督の『東京物語』を位置づけよう。

一　りっぱな生が死に意味をあたえる

人間の一生で臨終ほど荘厳なものはない、と黒澤明監督の映画『赤ひげ』で主人公がいう。原作である山本周五郎の小説『赤ひげ診療譚』でも同じように語られている。どのような状況でこういわれるか、それを確かめておこう。これが語られる文脈は、小説でも映画でもさほど違いはない。あえていえば、小説の背景には、男が理想の生き方をつらぬけば臨終は荘厳であるという判断があるのにたいし、映画では、臨終は人間の一生の総決算であるがゆえに荘厳であると考えられている。この人物の臨終は荘厳であったと、小説の読者は思うだろうし、映画の観客のほうは、そもそも人間の死はだれのものであれ荘厳だと思うであろう。いずれにせよ、生きているあいだの人間の行為が、その死を荘厳なものにするという考え方は変わらない。

小説も映画も、物語の初めから終わりまで一貫して、保本登《やすもとのぼる》という若者の目をとおして、さまざまなエピソードが語られている。登は長崎で西洋医学をおさめて江戸にもどったが、約束されていた御目見得医となるかわりに、新出去定《にいできょじょう》という医師のとりしきる小石川養生所へ送りこまれ、医員見習を命じられた。去定は風丰《ふうぼう》から「赤髯」（映画のシナリオでは「赤髭」）と綽名されている。人間の一生で臨終ほど、と述懐するのは「赤髯」であるが、赤髯がそれをいったとき、登はまだその赤髯に、なかば心服し、なかば反発しているところである。小説を引用する。

北の病棟の一番は重症者の部屋で、去定が病人の枕元に坐っており、登がはいってゆくと、見向きもせずに手で招き、そして、診察してみろと云った。部屋の中には不快な臭気がこもっていた。蓬を摺り潰したような、苦みを帯びた青臭さといった感じで、むろんその病人から匂ってくるのだろう、登は顔をしかめながら病床の脇に座った。……見たばかりで、その病人がもう死にかかっていることはわかった。

（中略）

「この六助は蒔絵師だった」と去定は低い声で云った、「その道ではかなり知られた職人だったらしい、紀伊家や尾張家などにも、文台や手筥がいくつか買い上げられているそうだが、妻も子もなく、親しい知人もないのだろう、木賃宿からはこびこまれたのだが、誰もみまいに来た者はないし、彼も黙ってなにも語らない、なにを訊いても答えないし、今日までいちども口をきいたことがないのだ」

去定は溜息をついた、「この病気はひじょうな苦痛を伴うものだが、苦しいということさえ口にしなかった、息をひきとるまでおそらくなにも云わぬだろう、……男はこんなふうに死にたいものだ」

そして去定は立ちあがり、森（半太夫。養生所の医師）をよこすから臨終をみとってやれと云った。

「人間の一生で、臨終ほど荘厳なものはない、それをよく見ておけ」

登は黙って坐る位置を変えた。

しかし、死相のあらわれた病人の顔もようすも、登にはとうてい荘厳とは思えない。

「醜悪というだけだ」と彼は口の中で云った、「――荘厳なものか、死は醜悪だ」

さいわい急病人がかつぎこまれ、登は六助の臨終に立ち会わずにすむ。まもなく六助の娘が登と赤髯のまえにあらわれて、ふたりははじめて死者の事情を知った。

娘が三つのころ、母は父の弟子と通じて出奔したという。娘は里子に出され、七年後、父親にひきとられたが、母に呼びだされ、なにも知らないまま母の愛人と三人で暮らし始めた。ひそかに六助が来た。

「お父っさんはあたしに、うちへ帰ろうと云いました、いまでも覚えています、お父っさんは蒼い顔をして、むりやりにやさしく笑いかけながら、いっしょに帰ってくれ、おまえはおれの大事な、たった一人の娘だって、――」

十三の少女にはまだ親子の愛情は分からない。娘は父の頼みをことわり、六助は立ち去った。十六の夏、娘は母に強いられて、その愛人と夫婦になる。そうすることでしか、母は若い愛人を繋ぎ留めることができなかった。二年たってはじめて、娘は夫と母の仲を知った。母は家を出たが、夫と会いつづけ、五年後に死んだ。

ふたたび六助があらわれ、男と別れて一緒に暮らそうといった。いまさら世話になるなんて父に済まない、赦されないと娘は思い、わざと邪慳にことわった。六助は、なにかあったらこれこれの旅籠《はたご》へ知らせろ、「おれはもう仕事をする張りもない、おれの一生はつまらないもんだった」といって去った。

夫は遊びつづけ、悪事にも手を染め、「おやじはしこたま溜めこんでるんだ」、金を貰ってこい、と娘を殴り、蹴った。娘はついに夫の悪事を訴人したが、逆に、夫を訴人する不行届を咎められた。四人の子をかかえて、娘は父に頼らざるをえず、その居所をもとめて、やっと養生所まできたのだった。登は、娘の話をきいて、六助の心中に思い至る。

蒔絵師として江戸じゅうに知られた名も忘れ、作った作品を御三家に買いあげられるほどの腕も捨て、見知らぬ一人の老人として安宿に泊まり、うらぶれた客たちの中で、かれらの話を聞きながら黙って酒を飲む。——そうだ、と登は心の中でつぶやいた。そういうところでしか慰められないほど、六助の悲嘆や苦しみは深かったのだ。もっとも苦しいといわれる病気にかかりながら、臨終まで、苦痛の呻きすらもらさなかったのも、それまでにもっと深く、もっと根づよい苦痛を経験したためかもしれない。登はそう思い、目をつむりながら溜息をついた。

生前、六助の悲嘆と苦しみは深かった。だから、もっとも苦しいといわれる病気にかかりながら、死に際して、六助は苦痛の呻きすら洩らさなかった。くわしくは分からずとも、その消息を去定はすでに見ぬいていたようである。それで六助の死を荘厳だといい、そう断じる去定の理由が、いまようやく登に分かった。赤髯の透徹した目と、少しずつ成長する登のようすが語られるエピソードといえよう。人間にたいする赤髯の洞察力は、いずれ登が身につけたいとねがう目標になる。

去定はいかにも臨床の医者らしく目の前にある個体を見ている。荘厳なのは六助の死である。去定には、死に至るまでの六助の態度が「男」の理想と思えるものだったので、その死を荘厳だと評した。赤髯のいだく理想が提示され、登もまた赤髯をとおしてその理想にむかって進んでいくであろう。小説は全十二話の連作になっていて、この物語は第二話にあたる。人物紹介はほぼ第一話ですんでいて、六助の醜悪だと思われた死を、登が赤髯とおなじように荘厳と見るようになるまでが、第二話では中心になっている。人間の死一般について、赤髯がするどい観察を示しているというよりは、どちらかといえば登の成長が強調されているといえよう。

二　りっぱでなくても生が死に意味をあたえる

映画は小説とその点で少し違っている。もともと映画『赤ひげ』は、原作にあるいくつもの話を交錯させ、全体として登の成長を描くように組み立ててある。だからこの段階ではまだ、人物の説明が完了していないからでもあろうか、人間の死について登が目をひらかされることとともに、というよりもむしろそれ以上に、赤髭の大きさを描くほうに重点がおかれている。たぶんそのために、六助の娘があらわれる直前、映画ではつぎのシーンが挿入されている。

はじめて立ちあった外科手術の荒っぽさに登は気をうしない、同僚の森半太夫がなぐさめている「シーン19　登の部屋」である。

「私だって、初めての手術の時は、気を失いましたよ、馴れです、馴れれば平気になりますよ」
「いや、臨終だって、私は赤髭のようには見られない、あれが荘厳だなんて、私にはただ醜悪なだけだ……六助はどうしました」
「死にました、結局なんにも言わずにね」
「あなたは、荘厳だと思いましたか、六助の死を」
「私も、病人の苦痛や死の凄まじさは恐ろしい……でも、先生はね、見る目が違うんです……病人の体を診断すると同時に、その人間の心も診断してしまわれるんです……例えば、六助ですが、あの沈黙の中に、おそろしい不幸せを洞察されたんでしょう……だから、あの言葉が出て来たんだと思います」
「……」
「私もね、何時かは、先生のあの境地まで、たどりつきたいと思っています」

登は黙るよりない。まだ赤髭にわだかまりが残っているからである。登のわだかまりが一掃されるのは映画では、六助の醜悪な死が娘の説明によって荘厳にまで高められる、その瞬間のことである。そのとき登は、自分のあさはかな矮小さに打ちひしがれ、去定の偉大さに圧倒される。赤髭は、ひとり六助の死についてだけではなく、人間一般の死について語っている。人間の一生で、臨終ほど荘厳なものはない。赤髭のその言葉が、娘のいわば謎解きによって証明される場面は、シナリオでいえば「シーン24」にあたる。シナリオをもとにスクリーンを追ってみよう。

登は去定の居室に入っていった。障子を透かして射しこむ冬日に、薬戸棚が落ちついた光を照り返している。六助の娘は、そのまえで精も根もつきはてたように背中をまるめて坐り、父親のことを語る。継ぎはぎだらけの着物、髪にも膚にも艶がない。去定はまるで目で聴いているかのように、そんな娘をじっと見つめている。悔いているのか、恥じているのか、娘はけっして顔をあげようとはしない。木枯らしがかすかに鳴っている。

「おっ母さんが死んでから、まもなく、そっとまたたずねて来ました……見違えるほど老いこんで、髪の毛も真白でした……ぶるぶる慄えながら言うんです。おれと一緒においで、三人の孫も（映画では六助の孫は「三人」である）一緒に連れておいで……でも、私はわざと邪慳に、お父つぁんを追い返しました、あたしのことは放っといて下さいって……今更、どうして、お父つぁんのとこへ行けるでしょう、お父つぁんからおっ母さんを盗み、娘の私も盗んだ、その男の子供まで連れて、どうして行けるでしょう」

突然、娘が顔をあげた。

去定が見つめ返す。

さぐるような、すがるような目に登も気がつく。

「お父つぁんは、死ぬ時、苦しんだでしょうか」。ふりしぼるように娘は訊いた。

聞いて登が思わずうつむいたとき、「いや」と否定する去定の声が聞こえた。

「安楽な死にかただった」。すらりといってのける。

おどろく登。あんなに苦しんでいたではないか。その途端だった。


「そうでなくっちゃ」、救われたように娘が声をあげた。

「そうでなくっちゃねえ」と背中を伸ばした娘を登は見る。「そうでなくっちゃ……お父つぁんの一生はひどすぎますものねえ」。登は目のまえの虚空を見つめている。小さく音楽が入る。

目をこらす登。

そのさきには、死の床で喘いでいた六助の横顔がある。響きわたる音楽のなかで、あれほど醜悪だった六助の、その白髪が逆光をあびて輝いている。

登は見つめつづけている。

死の床にある六助の横顔が画面いっぱいに映しだされるカットは、高鳴る音楽と隙のない照明によって、醜悪どころか重厚で、しかも明るく美しく、いかにも荘厳である。観客は、登とともに、臨終が人間の一生のなかでもっとも荘厳なものであり、しかもそれが六助の場合だけに限られてはいないことを納得するだろう。映画のなかで、六助は横たわり、咽が詰まったように奇怪な音をたてるばかりだった。過去を語る娘の話にかさねて回想シーンがあるわけでもない。観客は六助が動いている姿を見ていない。だから、大きく映しだされた六助の横顔を見ても、その荘厳さを、六助個人のものと特定するやたちまち、人間一般のことがらである、というふうに考えてしまうだろう。映画は、小説よりもはっきりと主張している、人間の一生のなかで臨終ほど荘厳なものはない、と。それは人間一般において、そうであると。

余談ながら、小説のなかで去定はいう、「人生は教訓に満ちている、しかし万人にあてはまる教訓は一つもない、殺すな、盗むなという原則でさえ絶対ではないのだ」と。それに比べれば映画は、個人にあてはまる教訓を万人にまでひろげることに性急すぎる、といえるかもしれない。黒澤明監督の作品には、ときとして、そういうところがないわけでもない。

三　他者の生が死に意味をあたえる

六助の死は、生きているあいだに堪え忍んだ苦痛の深さによって荘厳であった。苦しい生を耐え忍ぶ、その生き方が死に意味をあたえる。死になんらかの価値があるとしても、その価値は死に至るまでの生がつくりだしたのであり、死それ自体に価値はない。ここでは、死後の世界は考慮されていない。生が意味をもつのは、生それ自体によるか、死後に保証される浄福によるか、どちらかであろう。りっぱに生きたので、その死がりっぱであるというとき、生と死はふたつで一つのセットであり、そこに死後の世界がはいりこむ余地はない。死後が抜き差しならないかたちで問題となる映画は、日本でも外国でもあまり多くはない。これは、映画という表現手段が、多少の歪みはともなっても現実世界を記録することに適しているからであろうか。

死にたいして意味をあたえる生は、死ぬひと自身の生であるとはかぎらない。他人の生がわたくしの死に意味をあたえてくれる場合も、映画では多い。そのことが端的に描かれている例として、伊藤大輔監督の『長恨《ちょうごん》』をとりあげよう。『長恨』は時代劇が隆盛期をむかえようとした時期につくられたが、主人公の死を他者の生が意味づける、その部分しか現在フィルムが残っていない。端的に、と述べたのは、そうした理由からである。

勤王の志士である壱岐一馬と次馬の兄弟はともに、尊皇思想家の娘、雪枝に恋ごころをいだいていたが、弟のほうが眼に受けた傷を雪枝に看病してもらううち、雪枝と思い思われる間柄になった。幕府方の手がせまり、一馬は同志たちと諮って、雪枝に密書をもたせ、いまは盲目になった次馬といっしょに落ちのびさせようとする。ふたりの同志が次馬と雪枝を見送り、一馬は追っ手たちを一身にひきよせる。

『長恨』は現在、ここから最後まで、十数分間のフィルムしか残っていない。残存場面はほとんどが、チャンバラにつぐチャンバラである。「触れば斬るぞッ！」と威嚇する一馬に、新撰組をはじめとする幕府の捕り手たちが、襲いかかり、打ってかかる。斬っては斬られ、斬られては斬る一馬と捕り手たちのせめぎあいを、映画はあの手この手をもちいて見せる。キャメラも、あるときは走る一馬に平行して走り、あるときは朦朧と疲れた一馬の目そのまま、ぼんやりとしか風景を映しださない。観客はこの剣戟《けんげき》を飽かず楽しむことができる。しかし、それだけではない。

ひたすら斬りつづける一馬の姿を映しながら、合間あいまに挿《はさ》みこまれる場面がある。それは、手をとりあって逃げる次馬と雪枝であり、また、ふたりを落ちのびさせて、そのことを一馬に知らせようと、追っ手をかわして戻る虚無僧《こむそう》姿の勤皇の同志たちである。一馬と捕り手たち、次馬と雪枝、一馬のもとへ向かう同志ふたりと追っ手たち、それぞれのシーンが交互に映されるのを見て、観客はチャンバラに息を呑むばかりではなく、一馬がなぜ敵を斬りつづけるかというわけも、納得する。半死半生になっても、一馬は死ぬことができない。浮塵子《うんか》のように押し寄せてくる敵を、一馬はいつまで斬りつづけねばならないのか。次馬と雪枝がたしかに落ちのびたと、分かるまでである。この兄はみずからの死を賭して、盲目の弟と、かつて思いを寄せた娘が生きつづけることを願っている。

寺の境内。背中に一太刀あびた一馬は、堂宇のきざはしに倒れながらも敵を斬り伏せ、外廊へ這いあがる。剣を支えにゆらゆらと立ちはしても、もはや捕り手たちを見すえることもかなわず、よろめきまろびつつ、遠く離れた弟に向かって、「次馬!」と叫ぶ。

落ちのびる次馬は一瞬、ふりかえる。一馬がまた叫ぶ。「兄上が呼ばれたッ!」、次馬はもう疑わぬ。見えない目で、いま来た道を引き返そうとし、それを雪枝が押しとどめる。

よろめく一馬に新撰組が斬りかかる。斬られてなお相手を斬り倒す一馬の目に、虚無僧に身をやつした同志の姿が映る。虚無僧たちも追っ手と斬り結んでいる。だが一馬は、階の半ばに腰を落として動けない。

必死で戻ろうとする次馬に、雪枝がすがりつく「空耳でございます——これ程隔つて居りますのに聞える筈がありませぬ!」。しかしそのとき、動けぬ一馬がなお剣をかまえて、声をふりしぼっていた、「雪枝どの……」。聞こえて雪枝は、悲鳴をあげ、くずおれる。

斬り合いをつづける虚無僧と、捕り縄を幾条も首に巻きつけた一馬が、少しずつ近づいていく。

首の縄をたぐられて、きりきりと舞いながら、「御両所！　弟奴《おとうとめ》は——？」、訊ねる一馬に「御安心あれ！　無事にお落とし申したッ」。

ほっと力の抜けた一馬に、一太刀、また一太刀が浴びせられ、それでも一馬は相手を斬りすてて、すっくと立ち、「次馬——仲よく暮せよ！」。聞こえぬはずの次馬が泣いて答える、「兄上！」。

弟と雪枝が落ちのびたことを知ったいま、一馬には追っ手を斬る必要がない。自分が生き抜かねばならぬ理由もない。力をふりしぼって外廊の上に立ち、遠くへ向かって「さらばぢや！」と別れを告げるや、階段から引きずり降ろされ、そこへ捕り手たちが蝟集《いしゅう》する。

蒔絵職人六助の場合、深い苦しみを抱えこんだ生が、一見すれば醜悪としか見えぬ死に、意味をあたえていた。壱岐一馬の場合はどうだろうか。斬られて血にまみれ、困憊して刃の血をすする姿は、やはり一瞥するかぎり、無惨なものである。死に意味をあたえる何かが一馬の生にあったとは、いま残されている物語からは考えにくい。一馬の死は、一馬にとって、まったく無意味である。しかし、伊藤大輔という二五歳の監督は、どうやらそうは思っていない。現存するフィルムを見ると、この若い監督は、人間が心の底から発した声は、どんなに遠く隔たっていても聞こえるはずだと信じている。少なくとも、そう信じているということが、この激しい立ち回りのなかから観客に伝わってくる。一馬が心の底から絞りだした言葉は、次馬と雪枝が無事であるようにという願いである。その願いに嘘いつわりのないことがわかるので、観客は感動する。観客は一馬の死を無意味だったとは思わない。若い監督とともに、その死に意味を見つけている。

一馬自身にとって、その死はまったく無意味な死であり、まったく無意味な生である。けれど、弟の次馬と雪枝にとっては意味のある兄の死であり、意味のある兄の生であった。生が死に意味をあたえるといっても、その生はかならずしも死ぬひと自身の生であるとはかぎらない。自分ではない他者の生が、自分の死に意味をあたえる場合もある。そのとき他者がりっぱな人物である必要はない。いま残されている『長恨』からは、一馬が、あるいは次馬が、また雪枝がどのような生をすごしたかは分からない。それでも一馬の死が無意味ではないことを、観客は知っている。他者の生は、そのために死んだものの死に、無条件に意味をあたえてくれる。

他者のために無意味な死を死ぬという激しい死に、意味があたえられるようすを、『長恨』は目の当たり、まざまざと描いてみせる。次馬と雪枝の生が一馬の死に意味をあたえ、その結果、一馬の生にも意味をあたえるであろう。当人の生からは無意味であっても、他者の生によって意味をもつ死がある。こうして獲得した死の意味が、さかのぼって当人の生にも意味をあたえることになろう。死者の生と死はそれ自体としては無意味であったので、他者の生によって意味をあたえられてみると、それは、崇高ともいえる美しさを湛えはじめる。なぜだろうか。人間であれ思想であれ、自分でない他なるもののために、ひとが命すら投げだして、自分自身は無意味な死を遂げること。それは、ひとの踏むべき道徳が命ずるところであるよりは、人間を超えた神聖なものにこそふさわしい行為である。無意味な死がほとんど神聖な意味をになうとき、その極端な落差によって、崇高な美しさが生まれるといえよう。

他者の生のために自分自身は無意味な死を生きる、という行為は、もちろん日本映画だけではなく、たとえばアメリカの西部劇でも、またフランスのギャング映画でも見ることができる。他人のために自分の命を投げだすという、道徳を超えた行為を、神の意に添うものとして強く求めたのはキリスト教もおなじである。人その友のために己の生命《いのち》を棄つる、之より大いなる愛はなし（ヨハネ、十五―十三）。のちに伊藤大輔は思い出している、若いわたしはいつまでもキリスト教の尻尾をひきずっていた、と。『長恨』にその尻尾を見つけても、さほど的はずれではあるまい。だが、そうではあっても、一馬の自己抛擲は、たぶんに伊藤大輔ふうである。少なからずヨーロッパ・キリスト教ふうではない。

雪枝の思いは弟の次馬にあったが、一馬も雪枝を恋していた。とすれば、次馬と雪枝の生に捧げられた一馬の死は、一馬一個において報いを得なかったわけではない。雪枝のために死ぬことは、雪枝を失ったかつての悲しみをいっそう深めるとともに、それだけ一馬の思いを満たすことにもなろうからである。死のもたらす無惨と崇高が、一馬そのひとだけで完結しているために、『長恨』の美しさは、崇高というよりも一種、悲愴である。悲愴にまとわりつくナルシシスムは、ほんらいキリスト教のものではない。伊藤大輔のキリスト教が「尻尾」であり、また「尻尾」にすぎなかった所以であろう。

日本映画は一九〇〇年前後にヨーロッパから移入されている。そこにヨーロッパ・キリスト教の影響が見られないというほうが、おかしな話である。生と死をどう考えるかということに関しても、その影響は案外に根が深いといえるだろう。『長恨』に見られるような、ややもすれば感傷に堕しかねない自己犠牲の観念にしても、すべて伊藤大輔に独特な心性、あるいは日本独自の土壌でつちかわれたもの、といいきれるかどうかは疑わしい。しかし、おなじく他者の生によって意味をあたえられる死が描かれていても、たとえばフェデリコ・フェリーニ監督の『道』を見ると、他者の把えかたがずいぶん違っていることに気づかないではいられない。

四　小石が死に意味をあたえる

『長恨』の他者は、雪枝はもちろん次馬という弟にしても、死んでいく一馬の内部で、自分の死によって守られ包まれるものとなっている。一馬の感情と一体化している。よきにつけ悪しきにつけ、一馬がみずからの行動をふりかえるための切っ掛け、異分子あるいは対立者といった役割を、次馬と雪枝が担うことはないであろう。『道』というイタリア映画において、他者はまったくこうしたものではない。ヒロインであるジェルソミーナは、けだもののように粗雑な夫ザンパノのために生き、また死ぬが、映画の終幕にいたるまで、一方の思いが他方の思いを包みこむということはない。ジェルソミーナはジェルソミーナであり、ザンパノはザンパノである。

テーマ音楽とともにタイトル・クレディットがおわると、人影のない砂浜に小さな波がひとつふたつ、さびしげにうちよせる。遥かかなた、うすら寒い空のしたで、水平線がかすんでいる。手まえの枯草のあいだ、スクリーンの底辺から、ヒョコヒョコと小柄な黒いマントがあらわれた。背中に束ねられ負われているのは、枯れ枝だろうか。遠くかすかに、子どもの呼ぶ声が聞こえる。

「ジェルソミーナ、ジェルソミーナ」。

画面の左そとから豆つぶのような影が三つ四つと走ってきて、かけよるジェルソミーナのマントと、もつれあう。

「ジェルソミーナ、ジェルソミーナ……ママが急いで戻っておいでって……ローザが死んだんだって」。

五つの影がひとつになって、子どもたちのいま来たほうへ流れて行く。

イタリアの海辺の貧しい村。ジェルソミーナは海で生きている。

「ローザが死んだんだって」。ローザは薔薇。ジェルソミーナはもちろんジャスミンを意味するイタリア語「ジェルソミーノ」の女性形。ジャスミンとバラ、それぞれ花の名で呼ばれながら、ひとりは死に、ひとりは生きている。『道』は物語の劈頭から象徴を駆使している。イタリア・ネオ・リアリズムなぞというレッテルにごまかされぬようにしよう。

貧しさに疲れた顔の母親が掻きくどく。

「ジェルソミーナ、憶えているだろう、ザンパノを。ローザを連れていったひとだよ……かわいそうな娘……死んでしまった。」。

ジェルソミーナは背負っていた枯れ枝の束をそっと落とす。

「いまのわたしには、いちばん齢うえのむすめ、ジェルソミーナだよ。ちょっと変わっているけど、ローザとおなじように働きもので、ずっと従順だよ」。

そしてジェルソミーナに、

「ローザのあとをついでおくれ。ザンパノはよくしてくれる。一生懸命やれば、世界じゅうどこでも行ける、歌って、踊って。一万リラもくれたんだよ。芸は、ザンパノが、おしえてくれるね？」。

「犬にだって、おしえられるさ」。

ジェルソミーナは応えない。つっと身をひるがえして海のほうへ歩いて行きひざまづく。そのバスト・ショット。頬が流れる涙に濡れている。でも口もとは頬笑んでいる。

「ローザのかわりに、歌える、踊れる」。

ローザの死んだ場所も分からない、かわいそうにと母親がいう。ローザの死をザンパノはどのように伝えたのだろう。「でっかくて大きな」この男は、幌ぐるまをオートバイでひいて、あちこちをわたりあるく大道芸人。がっちりした胸に鎖を巻きつけ、肺を思いきり膨らまして、それを引きちぎる。ローザはザンパノに買われて、なにをしていたのか。ジェルソミーナがそうであるように、たぶんローザも「犬のように」ザンパノから芸をおしえられたにちがいない。小太鼓をたたく、客をよびこむときは軽快に、肺を膨らませるときは場をもりあげるように。できなければ、小枝の鞭で素肌の脚をひっぱたかれた。芸を仕込まれるジェルソミーナに、姿を見せないローザが二重映しになる。そして、ザンパノの夜の相手。このままいけば、バラとおなじようにジャスミンもいずれ剪りとられるであろうと、観客は予想する。そして、そうはならないであろうということも。

ジェルソミーナは映画のなかで三たびローザの名前を口にする。そのたびごとにジェルソミーナとローザの違いが際だってくる。ジェルソミーナはふしぎな少女だった。夕暮の光と影のあわいで焚火にむかい呪文のように「きらめく光、輝く炎、燃える火花」とつぶやくかと思うと、ふいに「あさっては雨よ」と告げる。無口なので少し足りなく見えるものの、挨拶ができないということはなく、あたらしい経験、ことに自然のできごとには目を輝かす。葉を落とした立ち木の姿をまね、電信柱に耳をあてて通信の音楽を聞く。

いかにも音楽が、このふしぎな少女を、ローザとは違った道に歩ませる。ジェルソミーナが思いってザンパノのもとを去り、しかし行きなずんで道端にへたりこんでいるとき、はずむような喇叭の旋律とともに野道にあらわれたのは三人の軍楽隊であった。くたびれた制服の、奇妙に生き生きした三人のあとをジェルソミーナは随いてゆく。音楽はいつもジェルソミーナを自分にたちかえらせ、こうしてジャスミンはバラとは異なった独自の物語をひらいていく。軍楽隊のあとを追ってたどりついた町で、ジェルソミーナは「お道化もの」とよばれる綱渡り芸人に出会う。

ザンパノは空腹でふらふらのジェルソミーナを捜しあて、二人はサーカスの一座に入る。そこには「お道化もの」もいた。「お道化もの」は、ジェルソミーナのだいすきな「雨の日に聞いた歌」を、手のひらに収まるような小さなヴァイオリンで弾くことができた。

ザンパノが町へ行ったきり帰らない夜、お道化ものが雨の日の歌を弾いている。そのメロディに引きよせられるジェルソミーナ。

「どうしてザンパノから逃げないんだ？」

ジェルソミーナとお道化もの。「こんな小石でも何かの役に立っている」
(DVD/ビデオ発売元：㈱アイ・ヴィー・シー「道」より)

「どっちでもおなじことよ、あたし、なんの役にも立たないんだもの」

「逃げたときは、どうだった？」

「ひどく殴られたわ」。

笑いだすお道化もの。「俺ならいっぺんで棄てちまうがな……そうか、奴は惚れているんだ」。

ジェルソミーナはびっくりする、「わたしに？」

「あいつは犬だ、吠えることしか知らないんだ」。

お道化ものは小石をひろいあげ、「小石のたとえ」を説く。

「こんな小石でも、きっとなにかの役に立っている。それがなにかは俺には分からないけど。世の中にあるものは、みんなな

遠ざかるジェルソミーナ
（DVD/ビデオ発売元：㈱アイ・ヴィー・シー「道」より）

にかの役に立っているって、聞いたことがある。もし、この小石がなんの役にも立っていないとしたら……空の星だって、なんだって、なんの役にも立っちゃいないんだ……きみだって、ザンパノの役に立っているんだよ、アザミみたいな顔をしたブスでもさ」。

ジェルソミーナの顔はかがやき、「俺と行こう」というお道化ものの申し出にも優しく首をふる。花を咲かせては萎れるジャスミンが、動物の脚をさすザンパという言葉を名とする男に、人間の心をとりもどさせることができるだろうか。かよわい植物の、どこにそんな力があるだろう。けれど、もともとジェルソミーナは、はかないだけの生きものではない。ザンパノがジェルソミーナの名を聞いたのは、ようやく、夜の相手をさせるため幌のなかに引っぱり込もうとしたときだった。

「名まえは？」

「コスタンツォ・ジェルソミーナ」。

コスタンツァは節操の堅さ、不滅を意味する。「ザンパノはきみに惚れているんだ」と、いったん知らされたジェルソミーナが、ザンパノのそばを離れることはけっしてあるまい。ふたたび二人だけで町々をまわる旅がはじまり、泊めてもらった尼僧院のキリスト像をザンパノが盗もうとしたあとも、そこの尼僧がここにいてもいいのよといってくれたときにも、ジェルソミーナはザンパノから離れない。「わたしが死んだら悲しい？」と訊いて、うるさがられながらも。

旅の途中でお道化ものに再会する。顔を見れば喧嘩をしていたザンパノが殴りつけると、お道化ものは死んでしまった。ザンパノは死体をかくすが、ジェルソミーナの精神はすでに壊れて、「あのひとのようすが変よ」と、つぶやきつづける。春を思わせる日差しに雪がまぶしい昼、眠っているジェルソミーナのかたわらにトランペットをおいて、「ばれやしない、俺だって人なみに働きたいんだ」、ザンパノは逃げるようにオートバイに乗る。遠ざかるジェルソミーナの寝姿が小さくなっていく。

五年たって、海辺の町で興行するサーカス一座のなかにザンパノはいた。町を歩くと、洗濯物を干す若い女が「雨の日の歌」を歌っている。

「行き倒れの女のひとが、いつもトランペットで吹いてたの、まもなく亡くなったけど」。

夜、泥酔したザンパノが酒場で暴れている。

「だれも要るもんか」。

幕切れの撮影台本を引用する。


カット七四四。

ミドル・ショット。ザンパノ、さきほどバー「オステリア」店外で繰りひろげた殴りあいに負傷、困憊している。しばし深く息をついて、じっと動かず、宙を見つめている。底知れぬ沈黙をやぶるのは、寄せては返す波音のみ。ザンパノ、ゆっくりと星を見あげる。ついで、絶望にひしがれて周囲を見まわす。すすりないて、身をふるわせはじめる。海のかなたを見つめ返し、涙を流す。

カット七四五。

ロング・ショット。ザンパノ、浜辺に突っ伏し、泣く。絶望に砂をわしづかむ。キャメラ、ザンパノから引いて、かなり高い位置から俯瞰ロング。「ジェルソミーナのテーマ」、しだいに高まり、フェード・アウト。

「エンド・マーク」。

ザンパノはいま、失ったものの大きさに気づいている。浜辺で泣き崩れるその姿は、動物が人間にたちかえったのだろうか。それとも、神にすがることもできぬ、つらい孤独を耐え忍んでいるのだろうか。おそらく、演出しているフェリーニ自身にも答えは見つけだせまい。肝心な点は、そのどちらの場合であろうとも、ジェルソミーナの死はそれ自体として無意味でなかったということにある。

「世の中にあるものは小石でも役に立っている」。ジェルソミーナはそれを信じた。小石でも役に立っているということは、ジェルソミーナでも役に立っているということであり、ザンパノでも役に立っているということである。自分自身がなにかの役に立っていることを知ったうえで、ジェルソミーナはザンパノの役に立とうとし、その傍らを離れまいと決心した。ザンパノがジェルソミーナを追い払ったとしても、ジェルソミーナがなにかの役に立っていることが帳消しになるわけではない。ジェルソミーナとザンパノはなにかの役に立っていることで対等であり、ザンパノがジェルソミーナを拒んだとしても、悲しいことではあるにせよ、ジェルソミーナはそれを受けいれることができる。ジェルソミーナの死は、ザンパノの生によって意味をあたえられるのではなく、「世の中にあるものは、このわたくしでも役に立っている」ということそのものによって意味をあたえられている。ジェルソミーナの死は、ザンパノともジェルソミーナ自身とも無関係に、そこにあり、そこにあるがゆえにやはり「なにかの役に立っている」。このとき、死ぬことは生きることにほかならない。

ザンパノがさいごまで「世の中にあるものは小石でも役に立っている」ということを信じられず、つらい孤独を堪え忍んでいたとしても、ジェルソミーナが「失われた大きなもの」であることに変わりはない。「失われた大きなもの」とは「世の中にあるものは小石でも役に立っている」という、そのことである。ジェルソミーナの死は、喪失そのものとして、ザンパノの生のなかで生きる。ザンパノの生のなかに、ジェルソミーナともザンパノ自身とも無関係に、ジェルソミーナの死は残る。このときも、死ぬことは生きることにほかならない（では、ザンパノの死は、どのような意味をもちうるだろうか、あるいはもちえないだろうか。その問題はたぶん『道』という映画の射程を越えている）。

『道』において他者とはそうしたものであり、他者の生と他者の死も、そうしたものである。『長恨』の場合のように、死のうちに他者の生がとりこまれ、生のうちに他者の死がとりこまれる、そうした生死の意味づけが、ここに描かれることはけっしてあるまい。

五　無意味な死を生きる

『東京物語』は、尾道にいる父親と母親が、東京にいる息子と娘をたずねようと、いそいそ旅行の準備をしているところからはじまる。その日の夕方六時に大阪、東京は翌日の午後である。大阪駅で国鉄に勤めている三男にも会っておくつもりがある。老いた夫婦には、子どもたちに会えるのもこれが最後、という思いがないこともない。

長男は東京で医者をしている。長女は美容院を切り盛りしている。都会でそれなりに自立している子どもたちを老夫婦がたずねていく。しかし、息子も娘も自分の仕事がある。自分の生活がある。せっかくたずねてきた父親と母親を大事にしたいけれど、どうしても時間があけられない。両親は歓待したいが自分の生活もこわしたくない。困り果てて長女が、戦死した次男の嫁に電話をかける。

「モシモシ、米山商事ですか？　――平山紀子お願ひします。はい、どうも……」

美容院のソファに腰かけ、もてあそぶように団扇をつかっている。

「あ、紀子さん？　あたし。……いゝえ、こつちこそ。……あのね、お願ひがあるんだけど、明日どおあんた、ひまないかしら？　いえね、お父さんお母さん、まだ東京どッこも見てないのよ。……さうなの。だからあんた、明日でも都合ついたら、どこか案内してやつてほしいの、悪いけど……。さう、ほんとはあたしが行けると一ばんいゝんだけど、こゝんとこちよつとお店あけられないのよ。……うん、さうなの、悪いわねえ…。え？　あ、さう……うん……どうも……」

「いゝえ。ぢや、すみません、ちよいとお待ちンなつて……え？　いゝえ、いゝんです」

紀子が事務所の電話口に出ている。事務員が七八人いるだけの小さな会社である。紀子は受話器をおいて上役のところへ行く。

「まことに勝手ですけど……」

「なんだい」。仕事をつづけている。

「明日一日おひまいただけないでしょうか」

「いゝよ」。見返して、あっさり答える。

「すみません」。

　しかし、たしかめることは忘れない。

「旭アルミの方いゝかね？」

「はあ、今日中にやつときます」

　紀子もふんだんに時間が自由になる身ではない。しかし、電話へもどるあいだに、笑みをとりかえしている。

「モシモシ。あ、おまたせして……。ぢや明日、九時ころお迎ひに上がります。え？　いゝえ、いゝんです。あの、どうぞお父さまお母さまによろしく。ぢや、明日――」

　受話器の置かれる音が聞こえ、間髪を入れず軽快な音楽が入る。その音楽に乗って、バスのなかから眺めた東京の町並みが弾んでいる。バスガイドの説明にあわせて右を見、左を見る父親がいる、母親がいる。紀子もいる。みなバスと一緒に揺れている。

熱海で。「東京も見たし熱海も見たし、もう帰るか」
（『東京物語』、小津安二郎監督、1953（昭和28年）、製作：松竹）

患者の容態が悪化して長男が医院を空けられないのは、むりもないことである。使用人をやとい顧客の応接に気の抜けない長女が美容院を休めないのも、やむを得ないことである。しかし、次男の嫁は、義理の両親の東京案内を頼まれると、支障をきたさぬよう片づけるべき仕事の量をふやしても、ためらうことなく依頼をひきうけている。案内をすませたあと、狭いながら一人暮らしのアパートに二人をまねいて、店屋物をとり、義父の好きな酒でもてなしている。紀子はいいひとである。いつも微笑みを絶やさず、お人好し、とさえ見える。

長男と長女はカネを出し合って、熱海に旅行してくるよう両親にすすめる。これはこれで、戦争未亡人である紀子にはできない歓待の仕方といえるかもしれない。熱海は俗っぽく騒々しい温泉街で、結局、父親と母親はおちつけない。もう子どもたちの顔も見たし、尾道へ帰ろう、と夫婦は話し合い、一泊しただけで長女のもとへ舞いもどるが、あいにく寄り合いがあるという。父親はかつて尾道にいた知人を頼り、母親は紀子のアパートに泊まることになった。ここで紀子の顔から、人知れず、微笑みの消えるカットがある。

アパートの部屋にはもう床が敷いてあって、その上で紀子が母親の肩を揉んでいる。熱海から長女の家から礼をいいながら母親が、一日の長かったことを話している。熱海から長女の家、長女の家から上野公園へ、それからここへと、やってきたのだから。

まだ紀子が揉んでいるので、

「もうほんとに沢山」。

水薬缶と湯呑を母親の枕元に置き、紀子も自分の床に座し、こうして二人は並んだ布団の上に並んで話しはじめる。静かに音楽が入りこんでいる。

「昌二のう、死んでからもう八年にもなるのに、あんたがまだあゝして写真なんか飾っとるのを見ると、わたしァなんやらあんたが気の毒で……」

「どうしてなんですの」。あでやかに笑っている。

「でも、あんたまだ若いんぢやし……」

紀子はふふっと笑う。

「もう若かありませんわ……」

「いゝえ、ほんたうよ。わたしァあんたにすまん思ふて……時々お父さんとも話すんぢやけえど」

紀子は目をそらして、ほんの少しうつむくが、また母親を見る。

「えゝ人があつたら、あんた、いつでも気兼ねなしにお嫁に行つて下さいよ」

紀子は笑うばかりで答えない。

「ほんたうよ。さうして貰はんと、わたしらもほんとにつらいんぢやけえ」

「ぢや、いいとこがありましたら……」。あいかわらず屈託なく笑っている。

「あるよ。ありますとも。あんたなら屹度ありまさ」

「さうでしようか」。表情が変わらない。

「……あんたにァ今まで苦労のさせ通しで」

はじめて母親は紀子から布団へ目を落とす。そんな母親から紀子は目をそらさない。いたわる母親が、じつはいたわられているようである。

「このまゝぢや、わたしァすまんすまん思ふて……」

「いゝの、お母さま。あたし勝手にかうしてますの」

母親がふたたび紀子を見る。

「でもあんた、それぢやァあんまりのう…」

紀子のバスト・ショット。あかるく、なんの気負いもなくいってのける、

「いゝえ、いいんですの。あたし、この方が気楽なんですの」と。

「でもなァ、今はさうでも、だんだん年でもとつてくると、やつぱり一人ぢや淋しいけえのう」。

紀子から目をそらさない母親の、案じる思いは十分に伝わっている。でも紀子はさらりと、かえって母親をなぐさめるようにいう。

「いゝんです。あたし年取らないことにきめてますから」

感に堪えたように、ゆっくりと母親が答える。「えゝ人ぢやのう、あんたァ…」

「ぢや、おやすみなさい」

母親はほほえんで頷くが、顔をそらして、こみあげる涙に堪えている。かすかに洟をすすっている。

紀子の笑みがこわばる。

が、思いきって立ちあがり、母親を案ずるように見おろしながら、電灯のスイッチをひねる。

母親が上掛けをかぶって横たわり、紀子も布団に入る。

しかし、暗闇のなか、天井をじっと見つめる紀子の横顔、その目に涙が滲んでくる。

帰途、大阪の宿で。わづか十日程の間に子供等みんなに会へて
(『東京物語』、小津安二郎監督、1953 (昭和28年)、製作：松竹)

紀子の笑みがこわばる。紀子はたんなるお人好しではない。母親のいうことを予想でき、いたわりながらイナすことができ、痛いところを衝かれても優しく包みかえすことができる。それほどに自分を見つめている女性である。自分のいいたいことをこのひとは百も承知していると思うから、母親はもうそれ以上なにもいわず、あとはすすり泣くよりない。「すまんすまんと思ふ」ほど辛い紀子の生は、泣いてやる以外、この母親になにができるだろうか。見えない闇のなかで涙を流し、紀子は母親の涙に答えている。

老夫婦は尾道へもどるが、帰り着くやいなや、母親が危篤におちいってしまう。長男と長女そして紀子は死に目に間に合うが、出張中だった大阪の三男がようやく実家にたどりついたとき母親はすでに死んでいた。

次女が玄関に出ると、三男がすわって靴を脱いでいる。そのままうしろを見あげて、

「どうや？」

両親と暮らしていた次女は、泣いて答えられない。三男が座敷にあがって、なぐさめるように、

「さうか……間に合はなんだか……。さうやと思ふたんや……」

茶の間に入ってくると、胡座をかいた長男が顔をあげて「おう」とも「ああ」とも声にならぬ挨拶をする。布団によこたわる母親の顔には白布がかぶせてあり、手前に長女がすわっている。庭に面したほうに紀子がいて、その背中に、ガラス戸の桟が濃い影を二本おとしている。みな力なくうつむいている。いつやったんや、と聞くと、長女が「今朝……三時十五分……」と答える。紀子は膝のうえに手をかさねて身じろぎもしない。顔は背後から朝日をうけて、影のなかに入ってしまっている。八時四十五分の鹿児島行きならば間に合ったのに、と三男はだれにともなくいう。

「敬三、お母さん――おだやかな顔だよ」

長男にうながされて立ちあがり、ひょろひょろと枕元にすわる。紀子がはじめて顔をあげ、白布をとる三男を見つめる。慈しむようである。三男の目に涙があふれてくる。

「――すんませなんだなあ……」

いったきり、なにもいえない。長女が泣いて、顔をおおう。長男はそれを見やるが、ふと気づ

尾道の朝。「あゝ、綺麗な夜明けだった」
(『東京物語』、小津安二郎監督、1953 (昭和28年)、製作:松竹)

いたように、

「ア、、お父さんは?」

「ア、、どこかしら」という長女の言葉が終わらぬうちに、紀子は立ちあがり、つっと庭に出ていく。入れ代わりに次女がやってきて、紀子のすわっていた場所にすわる。

　尾道の町と海を見おろす崖のうえの空き地に、父親がぽつんと立っている。

「お父さま――」

「あゝ」

　紀子のほうを見る。近づいていく紀子の影が、たたずむ父親の影にかさなる。

「敬三さんお見えになりました」

「さうか……あゝ、綺麗な夜明けだつた……」

　紀子もふりかえり、父親の見つめている彼方を見る。

「あゝ、今日も暑うなるぞ……」

ゆっくりと家のほうへ歩きだし、紀子もいっしょに随いていく。

紀子の表情は、背後から撮られたり、影になっていたりで、見ることはできない。しかし、末の男の子である三男を母親がかわいがっていたことを、紀子は知っていた。父がどこにいるか、すぐに紀子は見当つけることができた。死者とそのつれあいにたいする紀子の濃やかさはあきらかである。表情が影に沈んでいるのも偶然ではあるまい。三時十五分に妻が死んだあと、残された夫はどうやら、あかず夜明けを見つづけていたらしい。朝の光が照らしだした町は、この夫婦がずっと暮らしてきた町である。父親の視線を追って、いま紀子もその町と、その朝日を見ている。

葬式があり、身内の会食があり、子どもたちはそれぞれ仕事があるので、急いで帰っていく。紀子だけが残ったが、それもきょうは帰らなければならぬ。末っ娘の次女が思わず兄姉への怒りを口にしてしまう。「もう少しいてくれてもよかったと思う。忙しいのは義姉さんもおなじなのに、自分勝手なだけである。亡くなってすぐ形見がほしいなんて、悲しくなる」と。

紀子が兄姉たちをかばう。子どもは大きくなるとだんだん親から離れていき、自分だけの生活をもつようになる、悪気はない、「誰だつてみんな自分の生活が一番大事になつてくるのよ」。

「さうかしらん。——でもあたし、そんな風になりたくない。それぢやァ親子なんてずゐぶんつまらない」

「そうねえ……。でもみんなさうなつてくんぢやないかしら……。だんだんさうなるのよ」

「ぢやお姉さんも？」

「えゝ、なりたかないけど、やつぱりさうなつてくわよ」

「いやァねえ、世の中つて……」

「さう。いやなことばつかり……」


こうして、この映画のなかでもっとも恐ろしい科白が語られる。


「いやァねえ、世の中つて……」

「さう。いやなことばつかり……」


聞いて観客の耳には、「あたし勝手にこうしてますの」、「あたし、この方が気楽なんですの」と、紀子が母親に語った言葉がよみがえる。会社でのようすが思い浮かぶ。あれとこれを考えあわせて、観客は「いやなことばつかり」が口先だけの言葉でないと判断する。あいかわらず屈託のない笑みを浮かべてはいるが、紀子は心底そう思っている気配である。できれば、いやなことばっかりのこんな世界で生きていたくあるまい。自分が生きている生には、なんの意味も認めていないであろう。紀子はいわば惰性で生きているにすぎない。

主人公の正体が知れて、『東京物語』はただちにクライマックスをむかえる。次女が勤めに出たあと、庭いじりをしていた父親が座敷へあがってくると、紀子が東京へ帰る挨拶をする。いてくれて助かったと、むしろ父親のほうが礼をいい、以後、ほとんどがバスト・ショットの切り返しのなかで、緊迫したやりとりが交わされる。

「お母さん云ふとつたよ。あの晩が一ばん嬉しかつたいふて――わたしからもお礼を云ふよ。ありがとう」

「いいえ」。いつもに似合わず、紀子の笑顔がゆがむ。あの晩、紀子はほんとうのことを打ち明けてはいない。

紀子はごまかすように、散らかっている洗濯物を拾い、膝に乗せる。ここは、次の科白《せりふ》も、紀子の背後から父親を入れ込んだフル・ショットである。紀子の姿はどうしても観客に見せておかねばならない。

「お母さんも心配しとつたけえど、あんたのこれからのことなんぢやがなァ……。やつぱりこのままぢやいけんよ。なんにも気兼ねはないけえ、えゝとこがあつたら、いつでもお嫁に行つておくれ。もう昌二のこたァ忘れて貰ふてえゝんぢや。いつまでもあんたにそのまゝでおられると却つてこつちが心苦しうなる。——困るんぢや」、一気にいう。

「いゝえ、そんなことありません」。いつもの笑みはしだいに凍りつき、やがて消える。

「いやあさうぢやよ。あんたァみたいなえゝ人ァない云ふて、お母さんも褒めとったよ」

「お母さま、あたくしを買ひかぶつていらしつたんですわ」

「買ひかぶつとりやァしェんよ」

「いいえ。あたくし、そんなおつしやるほどのいゝ人間ぢやありません」。紀子は本心をいいそうになるが、まだなんとか保ちこたえて、微笑もうとする。しかし、うまくいかない。「お父さまにまでそんな風に思つて頂いたら、あたくしの方こそ却つて心苦しくつて……」

「いやァ、そんなこたァない」

「いいえ、さうなんです。あたくし猾《ずる》いんです」。「猾い」という強い言葉に背中を押されるように紀子はいう。「お父さまやお母さまが思つてらつしやるほど、さういつもいつも昌二さんのことばつかり考えてるわけぢやありません」

「ええんぢやよ、忘れてくれて」。「猾い」という言葉を聞いても、同性でない父親の反応は鈍い。細かいところまで分かられてしまう同性の母親にむかっては口にできなかったことについて、紀子は思いきって一歩をすすめる。つぎの科白は、こんどは父親の背後から紀子を入れ込んだフル・ショットである。あとの父親の科白が生きるためには、ここで父親の後ろ姿をやはり観客に見せておかねばならない。

「でもこのごろ、思ひ出さない日さへあるんです。忘れてる日が多いんです」。

死んだ夫にたいして操を立てとおすかどうかだけのことではない。「猾い」という強い自己裁断は、女である人間という紀子自身の生き方を裁いた言葉である。

「あたくし、いつまでもこのまゝぢやゐられないやうな気もするんです。このまゝかうして一人でゐたら一体どうなるんだらうなんて、ふツと夜中に考へたりすることがあるんです。一日一日が何事もなく過ぎてゆくのがとても寂しいんです。どこか心の隅でなにかを待つてるんです」。

いやなことばかりで生きるに値しない生、と見きわめをつけながら、それでも紀子は生きている。ふたたび紀子はいう、

「猾いんです」

しかし、父親の返事は、思いもかけず優しい言葉である。高橋治はこの科白に父親の、ひいては監督の「豊かな」「許す心」を見いだしている。

「いやァ、猾うはない」と、父親はつよく答えた。

「いゝえ、猾いんです。さういふことお母さまには申し上げられなかつたんです」

「――えゝんぢやよ、それで。――やっぱりあんたはえゝ人ぢやよ、正直で」

無意味な生を生きている、生きていながら生きていないこの女性の、その張りつめた思いは、父親の優しさに接して、ほとばしるように溶けていく。紀子は泣く。父親は立ちあがって仏壇の引き出しから女物の時計をもってくる。「お母さんが恰度あんたぐらいの時から持つとつたんぢや。形見に貰つてやつておくれ」。紀子は顔をおおう。遠くの海でぽんぽん蒸気のたてる、時をきざむ時計のような音が、ひびいている。

母親の時をきざんだ時計をもらい、その時計がさらに時をきざんでいくことを、紀子はわが身にひきうける。生きていくようにと、幸せになるようにと、父親は祝福する。生きていけといわれたことに、紀子は泣いて感謝する。それだけ説得力に富んだ「生きていけ」という言葉である。もちろん、この老夫婦も紀子とおなじように、この世界は生きていく価値がない、と思っていたかもしれぬ。しかし、この夫婦は生きていた。まちがいなく生きていた。それが、生きていけという言葉に説得力をあたえている。

熱海から子どもたちへの土産をさげて帰ってきた日、老夫婦は長女の家を追われ、「とうとう宿無しンなつてしもうた」と苦笑しながら、二人して上野公園で休んでいる。この監督にしては稀らしくキャメラが移動し、そのさきに、並んで腰をおろしている二人がいる、という印象深い場面である。

女房は嫁である紀子に泊めてもらい、亭主は知人を頼るほかない。「ぶらぶら行つてみやうか」。音楽が入る。

風呂敷包みをさげて立ちあがる。とっとと先に立った夫がうしろを見ると、傘を忘れている。

「おまへ」と指し示し、あわてて妻がもどる。

「ソレ見い、すぐそれぢや」。夫は動こうともしない。

音楽が高まり、下を鉄道が走っているらしい柵がある。近づいて、妻をふりかえり、

「なァおい、広いもんぢやなァ東京は——」

「さうですなァ、ウツカリこんなとこではぐれでもしたら、一生涯探しても会はりやァしやんしェんよ」

顔を見あわせて「ウーム」、夫が大きくうなづく。

肩をならべて柵にそって歩いていく。

逆にいえば、この広い東京であなたがいなくなったら、見つけるまでおれはさがす、ということである。そのようにして、この夫婦は生きてきた。その迫力が紀子を生きることに向かわせる。帰りの汽車のなか、紀子が時計をとりだす。喜ぶでもない。はしゃぐでもない。悲しむでもない。

ただ生きていかなければいけない。生に意味があるとも、死に意味があるとも説かれたわけではない。紀子はただ、生きていけ、といわれている。できるならば生きていたくない、と思っていた人間が、それとはまったく逆のことをひきうけなければならないとき、これは悲劇とよぶよりほかはない。

自分の生を主人公にひきわたした男は、ラスト、独りきりでじっと死を待っている。

『東京物語』における生は、なんの意味もなかろうとも生きてゆかねばならぬ生である。その果てに待ちうける死にしても、なにか意味があるかどうかは分からない。生のあとに、つぎの世界があるかどうかも分からない。それでも、たまたまに生まれおちて、たまたまに生きているこの世界を、ただ生きていこうという意志だけでそのまま生きることに、なにかの意味があるかもしれないという生き方は、二〇世紀後半の日本映画が、日本人が見つけた独特なもの、といえるであろう。その意味がいつまでもあきらかにならず、そのため、その生き方がどれほど悲劇の色に染められることになろうとも、それが『東京物語』の描きだした生と死である。

参考資料

*『赤ひげ』は、一九六五年、東宝株式会社、黒澤プロダクション製作。監督　黒澤明。脚本　井手雅人、小国英雄、菊島隆三、黒澤明。撮影　中井朝一、斉藤孝雄。音楽　佐藤勝。出演　三船敏郎、加山雄三、藤原釜足他。上映時間　一八五分。ビデオは東宝ビデオ発売。

＊『長恨』は、一九二六年、日活大将軍製作。監督・原作・脚本　伊藤大輔。撮影　渡会六蔵。出演　大河内傳次郎、久米譲、尾上卯多五郎他。上映時間　サイレント一八コマ映写で一二分。引用の科白は、現在、国立東京フィルムセンター所蔵フィルムのタイトルによる。
＊『道』は、一九五三年製作。監督　フェデリコ・フェリーニ。脚本　フェデリコ・フェリーニ、トゥッリョ・ピネッリ、エンニョ・フライアーノ。撮影　オテッロ・マルテッリ。音楽　ニーノ・ロータ。出演　アンソニー・クィン、ジュリエッタ・マッシーナ、リチャード・ベースハート他。上映時間は一〇七分。
＊『東京物語』は、一九五三年、松竹株式会社製作。監督　小津安二郎。脚本　野田高梧、小津安二郎。撮影　厚田雄春。音楽　斎藤高順。出演　原節子、笠智衆、東山千栄子他。上映時間　一三五分。ビデオは松竹株式会社発売。

主要参考文献

山本周五郎『赤ひげ診療譚』新潮文庫、一九六四年。

黒澤明『全集　黒澤明』第五巻、岩波書店、一九八八年。『赤ひげ』の科白は本書による。

『京都映画祭一九九七年公式カタログ』

伊藤大輔『伊藤大輔シナリオ集Ⅰ〜Ⅳ』淡交社、一九八五年。

磯田啓二『熱眼熱手の人――私説・映画監督伊藤大輔の青春』日本図書刊行会、一九九八年。

『リブロ・シネマテーク　小津安二郎　東京物語』リブロポート、一九八四年。『東京物語』の科白は本書所収の写真版撮影台本による。

高橋治『絢爛たる影絵　小津安二郎』文春文庫、一九八五年。
＊なお、第四節の『道』についての部分は、宇佐見斉編著『象徴主義の光と影』（ミネルヴァ書房、一九

九七年）所収の拙論「バラ、そしてジャスミン■フェデリコ・フェリーニ『道』の象徴作用」を要約、改稿した。

編集後記

懐徳堂ライブラリー第四集をお届けします。この本は、平成九年春季「生と死を見つめて」、同秋季「アジアの宗教が語る生と死」、平成一〇年春季「生と死の文化史」の三期つづいた、生と死をテーマとする懐徳堂記念会公開講座から、六人の講演者に文章化をお願いしたものです。原稿をお寄せいただいた執筆者のかたがた、編集・印刷でお世話になった和泉書院に、まず感謝いたします。

世紀の変わり目に位置したこの冬も、例年のごとくいくにんかの人文学の老先生や、友人知人のご両親などの死をいたむことになりました。「ぽっくり苦しまずに」なくなったかたもあれば、数年間寝たきりだったかたもありました。いっぽう原潜による連習船の沈没事件では、「不慮の（非業の）死と遺族」の問題を思い出させられました。そもそも死を、そこからひるがえって生を考えることは、宗教や哲学にかぎらず、人文学のもっとも根源的なテーマです。たとえば二〇世紀の歴史をふりかえってみましょう。「戦争の世紀」二〇世紀は、大量死の問題を人類につきつけただけではありません。同時に言論や民主主義の世紀であったことから、戦争をめぐる言論・言説が大問題となりました。「科学技術の世紀」二〇世紀は、映像表現をおおきく発達させせました。そこで愛や別れとならんで、生と死が重要な題材となりました。また科学技術の発達はその負の側面として、大量殺戮兵器を生んだり生態や人間の健康に負担をかけただけではありません。医療の発達により、かえって「自宅の畳の上で平穏に往生することがむずかしい」という状況が出現しました。人文学の関与なしに、これらの問題が理解・解決できるでしょうか。

人文学はとおく時間をさかのぼることもします。古代の哲学者は死をどう論じたでしょうか。作家は作品のモチーフとしてどんな死をとりあげ、登場人物の死をどのようにえがいたでしょうか。また、人間は生きるために他の生物を殺し、食べつづけます。そのことと宗教的救済との関係を、中世・近世の宗教者たちはどう説いたでしょうか。人文学によってのみ明らかにしうるこれらのさまざまな過去のうえに、現在のわれわれは生きています。新世紀の出発点に立って読者のみなさんが人生の原点を考える、そのきっかけとして本書がお役に立てばさいわいです。

二〇〇一年五月

㈶懐徳堂記念会運営委員
大阪大学大学院文学研究科教授
桃木至朗

編　者　㈶懐徳堂記念会（カバー袖参照）

執筆者一覧

浅《あさ》 野《の》 遼《りょう》 二《じ》　（大阪大学大学院文学研究科教授）
冨《とみ》 山《やま》 一《いち》 郎《ろう》　（大阪大学大学院文学研究科助教授）
中《なか》 岡《おか》 成《なり》 文《ふみ》　（大阪大学大学院文学研究科教授）
中《なか》 村《むら》 生《いく》 雄《お》　（大阪大学大学院文学研究科教授）
伊《い》 井《い》 春《はる》 樹《き》　（大阪大学大学院文学研究科教授）
上《かみ》 倉《くら》 庸《つね》 敬《ゆき》　（大阪大学大学院文学研究科教授）

●懐徳堂ライブラリー 4

生と死の文化史

2001年6月10日初版第1刷発行©

編　者　㈶懐徳堂記念会

発行者　廣橋研三

発行所　和泉書院

大阪市天王寺区上汐5-3-8（〒543-0002）
電話 06-6771-1467／振替 00970-8-15043
印刷・製本 亜細亜印刷　装訂 森本良成

ISBN4-7576-0113-1　C0300

懐徳堂ライブラリー

[1] 道と巡礼 心を旅するひとひと 懐徳堂友の会 編 二五〇〇円

[2] 批評の現在 哲学・文学・演劇 音楽・美術 懐徳堂記念会 編 二八〇〇円

[3] 異邦人の見た近代日本 懐徳堂記念会 編 二六〇〇円

[4] 生と死の文化史 懐徳堂記念会 編 二三〇〇円

（価格は税別）